武道空手學 概論〔新世紀編〕

―新世紀 武道空手學講義―

南郷継正
朝霧華刃 著
神橘美伽

現代社白鳳選書
109

まえがき

本書の内容は、未来に希望を持って生きたい中学、高校、大学の生徒・学生諸君に武道空手の道程への入門である護身用として説く講義である。それだけに、未来に向かう諸君の護身としての武道空手の上達を図っていくために、大きく二つの講義が組まれている。

一つは、当然のことだが護身としての武道空手がまともに上達するために必要な一般教養的（社会人になっても恥ずかしくないための学習）講義。

二つは、諸君はまだ大いなる未来を持つ若者（生徒・学生）であるだけに、大きな未来が見事な自分の人生になるように、身体の発達は当然として、学力というより学的知能たる頭脳活動が大きく働くようになることを願っての講義。

それだけに、日本の社会の中でまともな日本人に育つための日本語をしっかり学ぶために、として、やがて必要とされる漢字をなるべく用いている。例えば体の代わりに身体、心の代わりに精神、形の代わりに姿形（姿や形）、護身の技を武技としている。読み方は意味が取れればあまり正確でなくてもよく、身体はカラダ、精神はココロ、頭脳はアタマ、姿形はカタチと読んでもよい。加えて、読み仮名はわざとカタカナ（片仮名）を用い、ひらがな（平仮名）を止《ヤ》めている。これは諸君の頭脳活動（アタマのハタラキ）を思って、である。またそれだけに、各頁の冒頭に来る難しく思える漢字には読み仮名を振っている。

　何故、漢字を多用するのかは、諸君が大学の上級生になり、社会人になりしてそこで文献等の参照、解読、読書等々が昭和の半ばまでの書物だと難しい漢字が多くあり、まして明治の書物であれば読み通すことは困難を極めることになろう。その準備運動でもある。

　それ故、大切な事柄（箇所）は学校の授業のように反復を厭わずに講義していくことになる。反復も単なる反復レベルではなく、後半になるにつれて、難しい文言（言葉）となっていっている。また、訓練或いは修業の文字に代えて、第一部では修錬との文字を多用し、第二部では修練という文字を多用している。

　依って、本書の題名にまともな授業という意味を加えて、諸君が大学生になっても役に立つような中身なので「講義」との概念（名詞）をあえて用いることにした。

　未来に大きく羽ばたくために、護身としての武道空手を！　と志す諸君の熱意ある学び（読み込み）を心から願っている。

　なお、本書の「まえがき」及び第一部は、南郷継正が執筆した文章に朝霧華刃と神橘美伽の意見を十分に参考にして修正を施してある。

第二部は、朝霧、神橘が執筆した文章に南郷が適宜《テキギ》、手を入れたものになっている。当然ながら、『空手道綱要』（三一書房）と『全集』に収めてある『武道學綱要』『武道への道』（『南郷継正　武道哲学　著作・講義全集』現代社）を参考にしての執筆である。

なお、現実的に深みのある生徒・学生版とするために、日本大学法学部入学以来、武道空手を学ぶこと二十数年もの修錬を経、現在多くの大学武道空手部学生に指導中の小林育則　総師範の意見を参考にと心掛けたことを付記したい。

最後になったが、毎回のことであるが、現代社の小南吉彦社主の御厚情、そして柳沢節子さん、田沼　岳さんにお世話になっていることに感謝の意を表したい。

二〇一六年四月

南郷継正
朝霧華刃
神橘美伽

目次

第五章　特別編・上達への道――達人を志す諸君に　146

第一部　本講義は頭脳、身体、精神の創り方と
その向上への道を説く

第一章　人間の身体とは何か　人間の頭脳とは何か

（一）優れた頭脳と鍛えた身体と見事な精神を合わせ持つ人間へと成長するために。
（二）武道空手を護身として正しく学ぶ方法を身に付けるために。

1　頭脳活動を見事にするための条件とは

若い諸君はまともに分かっているだろうか。

優れた頭脳というものは、それだけでは未来に向かって役立つことはあまりない。その優れた頭脳は、その頭脳の働かせ方、すなわち諸君自らが使い方をしっかり修得してこそ、大きく役に立てられるものである。それ故、その優れた頭脳の創出の仕方、創出した優れた頭脳の活動のさせ方の双方を学ぶことが、とても大事なこととなる。

それは当然に、鍛えた身体にも同じことがあてはまる。何故なら、如何に見事に鍛えた身体を持っていても、その鍛えた身体のまともな使用方法（用い方）を知らなければ、大して役には立たないものである。そして、これまた見事な精神についても同様に、見事な精神だけでは駄目であり、その見事な精神を自分の人生にまともに用いて生き抜く方法を学ぶことがなければ、なんのための見事な精神の鍛錬（創造）だったのか、訳が分からないということにもなろう。

因《チナ》みにここで説く頭脳とは、アタマの中身のことであり、身体とは、カラダの実体たる中身のことであり、精神とは、これも当然ながら、自らのココロが創り上げる中身そのものである。もっと説くならば、アタマの中身とそのアタマの中身の働かせ方であり、カラダの中身とカラダの中身の使い方（働かせ方）であり、ココロそのものの使い方、働かせ方そのものである。

そのために、まずは頭脳活動、すなわちアタマが上手に働くための第一歩としての条件を述べておこう。

若い諸君、諸君は日本人である。日本人であることの第一条件は、日本人としての日常生活をしっかり可能と為《ナ》すのは当然のこと、日本の歴史、文化としての大和《ヤマト》ゴコロが育つことが必須でなければならない。現在、教育界では、「英語」だの「英会話」だのと騒がれている。

だが、である。日本人として日本の社会に生まれてそこで生き続けながら、まともな日本人として育つためには、日本語つまり国語が我が身に実力として備わっていなければならないのは当然のことである。その日本語すなわち国語たる大和言葉がまだ実力となっていないうちに、英語をまともに実力化したら、日本人でありながら、日本文化を学ぶべきまともな学力が育つ前に、その頭脳の生育を棄ててしまうことにもなりかねない。ここは真面目に分かってほしい。それだけに日本語をまともに習熟しきってからは、何ヵ国語でも結構である。

先日、京都大学の総長が某新聞の論壇で説いていたが、この内容に正直、ほっとしたのは筆者だけではないであろう。何を説いたのかを私流に端的には「学生諸君、君達は日本人である以上、英語よりも日本語の達人であれ！」であったのである。

日本語を真面目に学べというのは、何も受験勉強的に、では絶対にない。日本人にとって、日本文化、大和ゴコロをまともに学べる力を養うべしということにある。大学を初めとする日本の先生方は、日本語がどれ程に素晴らしく見事であるかを少しも説こうとしない。これは、その先生方は自らの国である日本文化を学ぶための日本語の実力が大きく不足しているからであろう。

それだけに、例えば『岩波哲學辞典』（岩波書店、昭和二年ないし昭和十年）や『現代教養百科事典』（第五巻「思想」編、暁教育図書、昭和四十二年）の哲学用語・思想用語をヘーゲル並に読める、すなわち目を通しただけで、ヘーゲルの『哲学の歴史』レベルでさらりと理解できる人物は恐らくいないはずである。何故ここで現在の書物でないのかの理由は単純である。

現在生存している方の書物は哲学書を含めて、この二冊に比してなんとも学識経験が不足というより、学力が低いからである。現在の「哲学者」との肩書きを付している人は、これら二書の中の執筆者の最低の実力がようやく、だからである。

これは、戦後の占領政策による教育の結果、日本語の実力不足がもたらしたものと断言してよい。日本語の学習は、現在の中学校・高等学校の国語では、まず駄目である。特に、文法とか作文等々に習熟する等は、古文、現代文を問わずである。そのような余暇（スコレー）があるなら、名文たる小説類を多数読むべきである。現代の名推理小説は特に！　である。高木彬光とか横溝正史とか、或いは江戸川乱歩賞受賞作とか、その候補に挙がった人とかの、である。

日本文化の教養は、見事な古典と外国の古典をまず、当時の時代的言葉でしっかり学習することから始まる。大学教授の方にはドイツ語をローマ字で学べば、精神の深奥が、ドイツ文学で学んでいた当時のドイツ人の精神構造が、なんともお粗末な姿形で反映してくるアタマになることすら分かっていないといってよい。それだけに、現代中国の簡略化された新文字では、中国古典の深意は日本人には当然のこと、中国人にも認識論、論理学あるいは古代東洋史学レベルでの理解はなんとも……というべきである。

2　武道空手の上達如何は頭脳活動のあり方によって決まってくる

以上を踏まえて、まずは以下に引用する「いろは歌」の本歌と、同じ文字を異なって使った替え歌をしっかりと、読み比べてほしい。

この歌は、明治四十年（一九〇七年）頃「萬朝報」という新聞が「いろは四十八文字」の替え歌を募集した時のものだそうである。四十八文字を重複なく組み合わせ、しかも良い内容を詠み込ませようという試みは、見事に成功し、募集作品も相当な数に上ったが、その中の一等当選のものを、以下に掲げる。当選者は凄い（見事な）ことに埼玉県下の小学校の先生だったという。尤《モット》も、この明治四十年頃の小学校の先生というものは、現代の先生と異なって偉大であり、現代の大学教授と同等か、それ以上の実力を把持していたのだ、と思ってほしい。

いろは本歌

色は匂へど　散りぬるを　我が世誰ぞ　常ならむ
有為の奥山　今日越えて　浅き夢見じ　酔ひもせず

いろは代へ歌

鶏鳴《トリナ》く声《コエ》す　夢醒《ユメサマ》せ　見《ミ》よ明《ア》け渡《ワタ》る　東《ヒンカシ》を
空色《ソライロ》映《ハ》えて　沖《オキ》つ辺《ヘ》に　帆船《ホフネ》群《ム》れゐぬ　靄《モヤ》のうち

本物の仮名文字（参考のため）

いろはにほへと　ちりぬるを　わかよたれそ　つねならむ
うゐのおくやま　けふこえて　あさきゆめみし　ゑひもせす

両方の歌を詠み比べてみて、諸君は「何」を感じたであろうか。もしくは「何か」を感じ取ることができたであろうか。

どうにも分からない諸君に、ヒントを一つだけ説いておく。いろは本歌もいろは替え歌も、すべて同じ文字を使いながら違った歌になっているということは、当然誰にでも分かる。ヒントとは、同じ文字のみを用いながら、どうしてこのように違った意味になっていくのであろうか、ということである。何故同じ内容ではなく違ったものになってしまったのか、ということである。

ここまで説かれれば、求められる答は簡単であろう。同じ文字でありながらその同じ文字の用い方が違えば、以上のようになんとも見事に異なった内容になるということである。まずここを分かってほしい。

これがすなわち冒頭に説いた頭脳とその頭脳の使い方、より正確には頭脳の中身とその頭脳の中身の使い方、用い方、働かせ方という問題なのである。すなわち同じ頭脳の中身であってもその同じ頭脳の中身の使い方がどうであるか、用い方がどうであるか、働かせ方がどうであるかが、いろは本歌といろは替え歌との大きな違いと同様の見事なまでの変わり様のように、アタマが良くなるのかどうかが決まっていく、そのようなことでアタマが驚く程良くなるのか、それともただのアタマの持ち主で終わるのか、となっていくということである。

依って若さを持つ諸君は、頭脳・身体・精神、すなわちアタマとカラダとココロに関わっての以上の説明をまとめもに理解することが可能になれば、武道空手の武技と武道空手の武技の使い方に関しても、以上のような、もしかしたら素晴らしい上達を遂げるか、もしかしたら全く上達しないという怖い奈落の底に落ちるのか、となるのである。

またそれだけに、武道空手を修錬する流れでその両極端のどちらかになるということを頭(アタマ)の中に、かつ心(ココロ)の中に、すなわち頭脳の中に、精神の中に刻み込んでおきながら修錬することが大事である。すなわち、アタマもカラダもココロも立派に育つという状態を持ち続けていく、すなわち見事に過ごすということを心掛けるべきである。

諸君、最後に一つ述べておきたいこと（忠告）がある。

それは「若い頃の苦労は買ってでもせよ」との言い伝え（金言）なるものがある。これはまずは正解といってよい。如何なる人（貧者だろうが、富者だろうが）にもその時代的、年代的労苦なるものが存在するものである。

若い時代に恵まれていたり、遊び過ぎたりすれば、必ず、刻《トキ》（年齢）なるもので反撃を食らうことになろう。若い時の苦労は、体力、精神力の故になんとかしのげるものだが、五十歳過ぎての苦労は、とてつもなく体力、精神力を消耗してしまうものである。生まれてから死ぬまで楽な生活はまずない、と思うべきである。故に、「若い頃の苦労は買ってでもせよ」なのである。

五十歳以上の苦労は、相手の方から勝手に忍び寄ってくるのであるから……。

余談ではあるが、筆者が明日の食事を心配する必要がなくなったのは、四十歳を軽く越えてから、すなわち、『武道學綱要』を出版後の一九七八年から……であった……。

この『武道學綱要』は、出版当時の原題は『武道とは何か（武道綱要）』（三一書房）であった。この著作は、連載物しか書くことがなかった私に、「彼は書き下ろしの論文の執筆は不可能なのだ」という、余りにもの暴言レベルの風の噂が聞こえてきたが故の、突然の怒りに満ちての「書き下ろし」となった書である。

それだけに、現在も「記念すべき書」の一つとなっている。

鋼朱雀《ハガネスザク》
〔贏技への構〕

月下朱雀《ゲッカスザク》〔木剣・木刀への構〕

第二章　桃太郎のお話は、入門から上達への道である

1　桃太郎のお話の中に見て取るべき論理とは

以上が少しは理解できたとして、それだけに以上の格言、金言、戯言なるものを実行できる方法を諸君はしっかり知っておいた方がよい。以上の格言は、「武道空手の技法は、学び方によってはなんら役立たない」となってしまうものだ、ということである。すなわち、骨折り損のくたびれ儲けということにすらなろう。

では、武道空手技法の学びは如何にあるべきかを少しばかり説いておこう。

それは端的には、武道空手の修得には基本技法の重視とその量質転化化が如何に大事であるか、である。それだけに以下に説く「桃太郎の繰り返し」のお話を参考にしながら、是非に学んでいってほしいものである。この「桃太郎の繰り返し」レベルにおける基本技法の重視の過程を持たないことには、見事な武道空手技法の上達はなかなか困難であることを、分かってほしい。

そこでまずは、その「桃太郎の繰り返し」のお話ということになろう。すなわち、武道空手技

法上達の完璧性を図るためのお話ということで「桃太郎の繰り返しの論理構造」を繰り返し説くものである。その桃太郎のお話から始めよう。とはいってもこの桃太郎のお話のすべてが問題となるのではなく、あくまでも、桃太郎の繰り返しの論理が、その構造が、もっと説けば、その論理の過程的構造こそが問題となるのであるから、武道空手技法の上達には、我々は桃太郎のお話の全体ではなく、その肝心の論理の部分だけに注目すればよいのである。

ではその肝心の部分とは何か、それは以下のお話である。


ある日のこと、遊びにあきた桃太郎は、鬼が島へ鬼退治にでかけることになりました。

そこで、おじいさんとおばあさんに頼んで、きび団子をつくってもらいました。

おじいさんとおばあさんに別れをつげた桃太郎は、いさんで鬼が島へと急ぎます。

そこへ一匹の犬があらわれました。

「桃太郎さん、桃太郎さん、どこへ行くのですか」

「鬼が島に行くところだ」

「なにをしに行くのですか」

「鬼退治だ」

「あなたのお腰につけているものは一体なんですか」

「これか、これは日本一のきび団子だ」

「一つくださいませんか」

「だめだ、これはやれない」

「そういわないでお願いします」

「では鬼退治のともをするか」

「一つください、おともします」

「じゃあ一つやろう、ついてこい」

桃太郎は腰につけたきび団子を一つとって犬にやりました。

犬は「ありがとう」といっておともをしました。


しばらく行くと、そこへ一匹の猿があらわれました。

「桃太郎さん、桃太郎さん、どこへ行くのですか」

「鬼が島に行くところだ」

「なにをしに行くのですか」

「鬼退治だ」

「あなたのお腰につけているものは一体なんですか」

「これか、これは日本一のきび団子だ」

「一つくださいませんか」

「だめだ、これはやれない」

「そういわないでお願いします」

「では鬼退治のともをするか」

「一つください、おともします」

「じゃあ一つやろう、ついてこい」

桃太郎は腰につけたきび団子を一つとって猿にやりました。

猿は「ありがとう」といっておともをしました。


また、しばらく行くと、そこへ一羽のきじがあらわれました。

「桃太郎さん、桃太郎さん、どこへ行くのですか」

「鬼が島に行くところだ」

「なにをしに行くのですか」

「鬼退治だ」

「あなたのお腰につけているものは一体なんですか」

「これか、これは日本一のきび団子だ」

「一つくださいませんか」

「だめだ、これはやれない」

「そういわないでお願いします」

「では鬼退治のともをするか」

「一つください、おともします」

「じゃあ一つやろう、ついてこい」

桃太郎は腰につけたきび団子を一つとってきじにやりました。

きじは「ありがとう」といっておともをしました。


かくして桃太郎は鬼が島に乗り込むことになるのであるが、この後のお話は桃太郎の繰り返しにはなんら関係がなく、以上のお話の中に含まれている論理こそが肝心要のことなのである。

それは一体「何か」である。

では諸君、もう一度前述の桃太郎のお話を読み返してほしい。こういわれると、大抵の諸君の頭脳に宿る思いは一つの共通項で括れるはずである。その自分のアタマの中に浮かんだ感情そのものの思いを客観化してそれを子細に眺めてほしい。それはおそらく次のような思いであろう。

「えーっ、また読むの？　もう読んじゃったよ。こんな簡単な話、小学一年生でもあるまいし、もう一回なんていわれなくったって、もう分かっちゃってるよ。桃太郎がいたんだろう、そして鬼退治に行くんだろう、途中で犬と猿ときじが出てくるんだろう。もっといってやろうか？　そいつらが団子をくれ！　っていうんだろう。もう分かっているよ！」

そう文句をいいたい諸君のココロ、すなわちその気持ちはよく分かる。それでも、もう一度、きちんと目を通してほしい。今度は如何なる思いを諸君は持ったであろうか。面倒くさい、とばかりに読み返さなかった諸君は、決して一流の武道空手技法への道へは可能性のない人である。であるから、是非にもう一度目を通してほしい。では、如何なる感想を諸君は持ったであろうか。「それにしてもどうしてこんなくだらぬお話を読めというのかな。それだって一回読めばこんな子ども騙しのお話なんか簡単に分かってしまうものなのに。分かっているだけに、しかも何ということのないお話だけに、それをもう一回だなんて残酷過ぎるよ。でもどうしても読めというのなら読んでみるよ。

え〜と、犬が現われました、か。ばかばかしいな。次には猿が出てくるのだろ。ほら、猿が出てきたじゃないか。小学生にだってこのくらいは覚えられるさ。しかし、こんな退屈なお話のどこに大事なものが含まれているのだ。見ろ！　とうとうきじが現われましたよ。このきじも団子をもらいたいと、なっているのは分かっているのに、何故、こうも読ませるのだ？　ここの肝心の論理って一体何なのだ。あ〜あ、やっと終わりにきたよ。

読み終・わ・り・ま・し・た・よ！　はい、終わり。

それにしてもどうなっているのだろうね。これでは『武道空手學 概論〔新世紀編〕』どころじゃないよね。何が桃太郎だ。もしかしたら、『武道空手學』とは桃太郎の鬼退治とやらの武勇伝なのか、と悪態をつきたくなりかねないよね。」

2　武道空手技法修得の一大論理を説く

再度にわたって真面目に読み終えた諸君の中にも、以上のような感情・感想を抱いた人は案外多かったのではないか、と思う。その通りに、大人になりかかってきた諸君にとっては、この桃太郎のお話を繰り返し読むことは大変であり、また真面目に読んだからといって特別に新しい何かが発見できるというものでもない。

では一体、何が肝心なのか、この桃太郎の繰り返しの論理とは、そもそも一体「何」なのか。端的には、ここで問題とされなければならない論理とは、冒頭に説いた、武道空手基本技法の量質転化化の過程的構造であり、その過程の構造の護身的修錬化にあるのである。

ここで「量質転化」という言葉は、哲学上の文言である弁証法という法則の一つである。これは「何」をどのように修錬していけば、「何」がどのように上達するのか、簡単には、「何」が分かれば、「何」がどのように上手になっていくのか、「何」がどのように下手（駄目）になっていくのか、という程度の意味である。

まず、この桃太郎のお話で若い諸君が疑問に思うのは、どうして同じお話が繰り返されるのか、ということであろう。しかも何回も、である。通常ならば、犬が現われて桃太郎から団子をもらい、それでお供をすることはきちんと説いてあるのだから、猿が出てきた時には、犬の事実と同じようなことがあって、これも桃太郎のお供をすることになりました、でいいだろうし、ましてきじに到ってはここまで同じことを説く必要性を疑問視したくなってあたりまえである。

これが通常の認識であり、大方の諸君の感覚でもあるだろう。これを単なるお話とした場合には、諸君の感じ方にはなんら異論はない。だが、ここを武道空手基本技法修得の論理として捉え返した場合にはそうはいかないのである。どういうことかを説くと、「三つ子の魂百まで」のまともな捉え方に関わる。この諺の通常の意味は三歳の子どもの魂は、百歳まで変わらない、つまり、持って生まれた性質は一生変わるものではない、ということである。

これは三歳児までの認識の育ち方・育て方の如何が一生を支配しかねない、ということである。その通りに、幼児期には、物事を繰り返し・繰り返し教え込むことが大肝心なのであり、この時期の繰り返しの上の繰り返しがその子の将来にわたっての頭脳の働きを決めかねない認識と武道上達としての実体の基礎を見事なまでに創出してしまうからである。だからこその、桃太郎の繰り返しなのである。これと同様の論理が、武道空手技法の上達に大きく関わってくるのである。

以上を踏まえて、武道空手技法の基礎の一般性の展開の中で以下の項目を適宜《テキギ》（順序通りではなく）、説いていくことになる。

（1）武道空手における挨拶、気合、稽古衣について、（2）武道空手における「立つ」技について、（3）武道空手の攻撃武技、防禦武技（捌《サバ》き）について、（4）武道空手の「闘い」の間合の修練方法

男子修錬生との闘嵐組手

男子修錬生との闘試組手

第三章　入門への道——武道空手に興味を持つ人に

1　人生において武道を学ぶ意義は何か（何故武道なのか）

初めて武道空手を学ぶ若い諸君に、武道空手とは何かについて説いてみよう。

筆者は幼い頃から自分の弱さが嫌いであった。そこで、中学に入学した時点で自分の弱さと訣別しようと決心したのである。その甲斐《カイ》もあって、数多くの試練に耐えて大志を失うことなく生き抜くことができたのである。大学生になって知った武道空手の世界は新たな発見であった。

筆者はあまり運動的素材はない。高校を卒業するまで体育の成績は平均点以下であったといっても、誤りではない。小学校、中学校、高校を通して、運動会ではいつも他人の後を追いかけてばかりであったし、鉄棒には、ぶら下がることすら怖くて困難であったのだから。

そんな筆者が武道家になれたのだから、いささか皮肉風に「世の中は一寸先は闇」とも説くべきであろうか。現在でも筆者は昔の友人は当然のこと、かつての中学、高校時代の友人・先生に何回となく不思議がられる。「本当に武道の指導者なのか」と。

いえることは、人に馬鹿にされるのが死ぬ程辛かったから人に倍する努力を積んだのだ、と。だから他人に苛《イジ》められる人を見るたびに、どうしてもっと努力をしないのだ、と。

本書は、そのような若い諸君の新たな希望を燃やすのに役に立つならば、として出版するのである。それだけに諸君は次の金言を忘れてはならない。というよりまともに記憶してほしい。筆者がこの詩を口ずさんで中学、高校へ通ったのが、昨日のように思われる。

「盛年《セイネン》重ねて来たらず
一日再び晨《アシタ》成り難し」（陶淵明）

「少年老い易く　学成り難し
一寸の光陰、軽んずべからず
未だ醒《サ》めず、池塘《チトウ》春草の夢
階前の梧葉《ゴヨウ》、既に秋声」（朱熹）

本書の重点的内容について説明しておきたい。

本書は、すべての武道の入門に十分に役に立つ内容となっている。学ぶとは如何なることか、を可能なかぎり説明してある。体裁は諸君向けであって、論じてある内容としては少しもレベル

（水準）を落とすことなく、如何なる入門者にも入り易く、如何なる専門家にも応えうる程に、すなわち、現代武道の学び方として最高水準をいくものとして説いてある。また折に触れて、現代の武道界が沈黙を保っていることも、説くように心掛けている。有体《アリテイ》にいって、信じ難いくらいに現今の武道界には怠け病がはびこっているように思えるからである。何故にそういう断言ができるのかは簡単である。

武道の歴史の長さから省みるに、解いてある問題に比較して、解かれていない問題があまりにも多いからである。正確には武道界の大抵の重要問題は未解決のままである、といえるからである。また、解いたとされているものにしても、間違っているものの方が多い、すなわち、解かれている問題の大半は誤謬が正解として、神話的にまかり通っているのが現実である。

そのような類いの重要な問題は、何が正解かをはっきりさせるべきであるのに、誰もが恐れて手を出そうとはしていない。これは与えようにもその能力がないからであると、断定したくなるくらいである。後世に恥を晒すハメになるのが怖いのだろうと思う。その一つに、「武道雑誌」なるものがある。たまに買ってはみるものの、何の役にも立たぬシロモノがほとんどである。

就中《ナカンズク》、武道をまともに、身心鍛錬レベルで修業したこともない大学教授の類いの「極意解説」は、口語訳的な意味は持つものの、ただそれだけである。講義が最初から難しくなったが、真面目に読めばこれらの事柄を理解できるような内容となっている。但し、怠け者にも分かるようには説いていないので、それ相応の情熱と忍耐心とを持って学んでほしい。

世界のトップを行くものと自負している本書の講義内容を、退屈まぎれに読むことは人間としてはあってはならないと思うので、真剣に、心から読破するくらいの熱意で学んでほしい。

本書には新鮮そのものの武道の学び方、上達の仕方が展開してある。他の武道書を読破しているかもしれない若い諸君は、本書によってより深い武道の文化的世界を知ることが可能となろう。そして本書に説く中身がどれ程の威力を持ち、偉大さを示してくれることかを知るはずである。

それが何故かは、如何にトップレベルを行くような勢いを見せる人でも、その人が限りない研鑽を怠れば、時代（＝歴史）はその人物を怠け人《ビト》として、容赦なく歴史の歩みの歯車で潰していくからである。このような意味からは、歴史の流れは本当に残酷である。だが若い諸君は、その残酷さを内に秘めて歩いている歴史に耐えうる理論の実態を、本書に読み取ることができ、そして一生の宝書、すなわちバイブルに匹敵する書として諸君のこれからの大切な伴侶となることだろう。

さて、武道はその実体武技にもかかわらず、精神面が昔から重要視されてきた。だが、その精神面の理論を説く＝説ける人は稀であった。それ故、武道は神秘性の仮面を被らされたままに長らく現象していたようである。これらの仮面は当然に打破されなければならず、善きも悪しきも武道のあらゆる姿を白日の下に晒し出す必要がある。そして、真に人間性に満ちたものとして武道は再生されるべきである。

以上のことを、現在までに存在しているあらゆる武道書に比して高いレベルを保ちながら説かれた本書の講義は、それだけにより高い水準を確保できたものといってよい。武道の、そして護身の本物の姿態を真に知りたい人、それに加えて真に指導者たらんと努力を惜しまない若き指導者には、一つの「バイブル」ともいえる価値がある武道空手學の講義であると、自信を持っての発刊である。

最初に何故に武道が必要なのかを、簡単ながら説いておきたい。

現代の日本では、武道に関して次の二つの見解が大きく幅を利かせているといえよう。一つは、武道等無用である、というものである。もう一つは、武道は必要であるが、それは旧来の武道ではなく、新たに社会に適合するように改革されたものでなければならない、とするものである。前者の無用論はともかく、後者の時代に適合した武道というキャッチフレーズ紛いの文句は、如何にももっともらしいといえる。これならば進取をモットーとするジャーナリズムも、反対はしないであろう。

「歌は世につれ世は歌につれ」の文句ではないけれど、時代にマッチした武道とはなんとも泣かせる名文句ではある。その改革された現代武道として現象しているのが柔道・剣道等のスポーツ競技であり、他方では太極拳等々の健康体操であるのは、もはや常識といってよい。

しかしながら、筆者はこれらに反対である。無用論に反対なのは当然としても、どうして時代に適合する武道に反対するのだ、という内・外野の声が聞えてくるようである。これにはなるべく具体的に答えておく必要があろう。

2　武道の学びは人間としての真の主体性確立のために

ここで原点に立ち返ってみよう。諸君は一体何のために武道を学びたい！　と思い立ったのかということである。これには、諸々の理由があるはずである。

例えば、気が弱いから・もっと強くなりたいから・他人の前でオドオドしたくないから・強盗等が怖いから・恋人の前で堂々と振る舞いたいから・武道そのものを知りたいから、等々と数多く挙げられよう。それらを総括して一般的に説けば、ほとんどがまともに人間らしくありたい、胸を張って歩ける自分でありたい等の個としての主体性の確立であるはずである。端的に説けば、自分の精神を見事にしたい、自分の人生（生き様）を見事にしたいということである。

この見事な精神力とは、では具体的に如何なることかを、まず、諸君の頭脳で考えてみてほしい。気が弱いとはいっても、赤ん坊の前で気の弱さが出る人はまずいないであろうし、もっと強くなりたいとはいっても、それは小学生以上ということでもないはずである。いずれにしても、それらの思いにはしっかりとした自らの求めているレベルがあるものである。

そしてそのレベルを個々人で考えてみるに、下は赤ん坊から上は天下の達人を相手にした時点まで考慮してみると、そこには随分と差があるものである。だが、その上限を考えてみると、これは明確なものが一つだけ、はっきりしていることに気付くことになる。それはほとんどが死に対しての恐怖心である。

相手が誰であれ、或いは何物であれ、この死を感じる時点が、最高の弱さとして自分が現象する時である。人間は事程さように精神的な存在（心的状態が自分を決めてくる）であるばかりでなく、そもそも、自分の生命はたった一つだからである。他の如何なるものに対してよりも、死が最も大きな恐怖を与えるのである。この一点、このレベルより高い恐怖はないのである。それ故、この事態を克服できれば、他の事柄はそれ程の感じはないといってよいであろう。

ここをまともに認識しえて初めて、人間としての真の主体性確立の基礎が整うというものである。世にいう〈怖いものなし〉の状態になりたいと願うことになるはずである。

この心的状態＝認識を日常化できれば、世の中が「日々是平穏無事」となることは、昔から宗教の一派たる禅の歴史が、禅の境地を自分化しえた人が証明している通りである。この認識は遊んでいてはものにならず、また、持って生まれてくるものでもないのであり、これはまさに自分の修錬によって身に付けるもの、つまり、しっかりと身に付くように学ぶべきものなのである。

すなわち、時間をかけてじっくり学ばなければならないものである。

そこで問題は、これを何事によって学ぶか、ということになる。

さて、武道、武術は生命を賭ける＝生死の境＝生死の一致の闘いに、その本質があるものである。しかも武道も武術もその実体的な修錬＝学びを通してこれを極める、にあるものである。

だからこその、武道なのである。そしてその武道もいわゆる時代に迎合した武道と称しているスポーツではなく、内実は古来の武道そのものでなければならない。何故なら、時代にマッチしたとか称するスポーツ武道には、その何処にも生死の境等更々ないからである。

だが、である。単純に本物の斬れる刀を持てば武道になる、というものではないのである。その実践形態が武道になるかどうかは、各人がそれを武道たらしめんとして学んでいるかどうか、で決まるのであり、その当人の修業中の認識（心＝精神のあり方）が決定することになるものである。これが人間というものである。だからこそ人を斬るためでなく、演技としての刀しか持たない映画俳優がどんなに見事に達人たる宮本武蔵を演じきっても、永遠に武道家になれない所以なのである。これが悪役俳優が、実生活では人情家でありうる理由でもある。

武道を形式的に学んだだけでは武道の抜け殻でしかないように、武道をスポーツとして学んでは、これはストレス解消の演技レベルにしかなりえない。以上で武道が必要な所以を少しは諒解できたと思う。

ここで恐らく二つ質問が出てくると思う。一つは、武道以外では駄目なのかであり、二つは、生死一体の武道を学んだら殺人鬼になるのではないか、である。

第一の質問の解答からは、これは駄目ではない、といえる。例えば、それなりの厳しい人生を歩むこと、具体的には、戦場が挙げられるだろう。また禅の修行もそうだし、一風変わったものを挙げれば死刑囚等の状態もそうである。しかし、これらは可能であるというだけで、だから普通にできるというものではまずない。

　厳しい人生を歩むといってみたところで、どんなのが厳しいのかはそれを生きてみなければ分からないし、戦場がよいといっても日常的ではないので勧めるわけにもいかない。また死刑囚にしても、これは直接に死と対面するだけならともかくも、そのまま死ぬ（処刑される）だけだから到底駄目である。

　残った禅は、可能性としてはよいが、あまりにもの時間の長さを必要とするのである。例えば無門慧開、これを説いて曰く、「たとい悟り去るも、更に参ずる（＝参禅する・修行する）こと三十年にして始めて得てん」（『無門関』第十九則の無門の評語）だからである。端的にこれは人が仮に禅の極意を「成程《ナルホド》!!」と頭脳で悟ったつもりになっても、その悟りの中身が自らの精神状態となるには三十年もの期間の修行を必要とするという意味である。日常生活を通常としている人には到底無理な相談である。

　少し説明すれば、禅の修行はその長い年月に特徴がある。これが何故に長くかかるかは本題ではないので省くが、少しばかり参禅したからといって、禅の修行の一端に触れたつもりにならないことである。例えば、新入社員を参禅させるとか、坊さんを呼んで禅の話を聞くとかの類いがそうである。確かに、少しばかりの参禅をして、清々しい気持ちになったことをもって禅の修行をしたかのような、禅の境地に触れたかのような錯覚をして得意気に本を出版している人もいないでもないが、これらはほとんど意味のないことであり、大げさな捉え方をしないことである。

「三分間で護身術が修得できる」と同類の、マヤカシ的学習である。

第二の質問は武道をスポーツ的ならまだしも、武道そのものとして生命を賭けた勝負として学んだら、人を殺すことをなんとも思わぬ人間に育つのではないか、という疑問である。

これはまことに理由のある心配だと思う。結論からは、それは指導者次第であるということになる。あえて説けば学ぶ心の問題であり、学ぶ心の育て方が大事である。闘いを旨とするのは、武道家だけではなく軍人もそうである。ここで歴史を振り返れば幾らでも出てくる事実に、勇猛なる武将に人格者が輩出していたことがあるが、これは洋の東西を問わずである。また反対に極悪といってもよい将軍が存在したことも事実である。

これらを見ても諒解可能なように、刀を生かすも殺すもその人物の育ち方次第である。要は正しく指導して育てれば大して問題ないのであり、女性でも優雅さと同居して強さを養うことも、決して無理ではないのである。要するに、主体性の確立にはやはり武道が最短距離にあるということであり、これが武道の存在価値でもある。

3　武道は武技を駆使しての生命を賭けた勝負の道である

武道とは何であるかと、改めて問われると、大抵の人は、困惑するのみだろうと思う。諸君はこの問いになんと答えるだろうか。おそらくは答に詰まってしまって、イメージ的な解釈をする

人がほとんどのはずである。曰く、

「武道は右翼である」
「武道は黒のイメージがある」
「武道は神道と相通じるものがある」
「武道は武士道である」
「武道は人格陶冶《トウヤ》の道である」
「武道は護身術そのものである」
「武道は精神鍛錬である」
「武道はそもそもナンセンスである」
「昔はともかく、現代武道はスポーツである」

このような解答は正しいのだろうか。何か少し違うような気もすると、思う人もいるはずである。正解は、「武道は武技を駆使しての生命を賭けた勝負の道そのものである」である。
どうだろうか、諸君の思いと合っているだろうか。それはそうと先程のイメージ的な解答に、近いものが一つ存在している。「武道は護身術そのものである」というのがそうである。

4　武道と右翼・黒のイメージ・神仏との関係

まず「武道は右翼である」という答を出したい人の気持ちはよく分かる。何故なら右翼と称される人は、如何にも強そうであり、また大抵は武術を学んでいる。それだけに、街頭で目にする右翼の人は木刀や竹刀を持っている場合があるだけに、右翼↓木刀↓武道と連想したくなるのも無理はない。武道家に仮に右翼が多い事実があったにしても、武道と右翼の直接の連関はない。

「武道は神道と相通じるものがある」と思う人は数多いはずである。何故かというと、武道場で神仏と無関係なのは探すのが困難なくらいだからである。大抵の道場には、香取大明神とか鹿島大明神とかの武の神が祭ってある。ここから、武道は神がかりであるとか、神仏を尊ぶことが直ちに武の道であるとか思われるとしても、無理からぬことである。

だが、武道は論理的には少しも神とか仏とかの存在と関わるものではない、それ故、神を祭る人は、自己の心を治めるべく……であろう。

「武道は武士道である」との答も、結論からいえば短絡的であり、誤解である。確かに武道そのものは武士階級が大きく担ってきたのであるが、しかし武道と武士道とは根本的に異なる。武道はあくまでも武術の道であり、武術を極めることを目的とするのに対し、武士道はいわゆる「もののふの道」なのであり、これは主君に命を預けて仕える道なのである。

この点については、昔から大いなる誤解がある。世に説かれる柳生但馬守と何某の以下の話がそうである。

ある時、柳生但馬守の所に一人の武士が刀術を教わりたいと入門の願いに来た。断っても、是非にといって聞き入れないので但馬守自らが会ってみると実に堂々としていて、とても入門希望者の風体ではない。そこで但馬守が尋ねた。

「そこもとは何か刀法の心得があるようじゃ。一体何を修業されたのか。」

「いいえ、一向に。」

「そんなことはあるまい。この但馬の目は節穴ではない。ここまできて隠すこともないであろう。」

「まことに存じつかまつらぬ。でなければ、わざわざ入門願いに参るわけもないでしょう。」

「たしかにいわれる通りじゃ。だが、何か不断の修業を行っているはずじゃが。」

「そこまでお尋ねとあらば、もしかしたらと思う筋が一つだけあるのでお答えしましょう。拙者、朝な夕なに主君の御為とあらば何時にても討死の覚悟を整えてござる。しかしこんなことが一体刀法と何の関わりがござろうか。」

これを聞いてじっと考えていた但馬守は、つと立って別室へ行き、ややあって返ってきてくだんの武士に聞いた。

「いま、そこもとの主君にこのことを申し上げたところ、言葉が不遜であるとて切腹の申し付けがあった。そうそうに腹を切られい。」

「さようでござるか。主君の命とあらば、いさぎよく腹を切りましょう。では、ここで失礼を仕る、御免。」

このように述べるとくだんの武士は静かに切腹の準備をし、整い終わると脇差を抜いておら突きたてようとした。と、但馬守は大声を上げた。

「待たれい！」

「これは異なことを。武士に恥をかかせるおつもりですか。」

「いや、そうではない。そこもとの心が知りたかったのだ。試して悪かったがよく分かった。それこそ、まさにそれが柳生の刀法の極意である。よくぞそこまで極めたことである。そこもとは入門の必要はさらにない。いま、柳生流の免許を与えるであろう。」

こう述べて但馬守は、さらさらと巻紙に認めて与えたのであった。

柳生但馬守はこれを刀法の極意と断じているが、これは刀法すなわち武道の極意ではなく、これこそが武士道なのである。つまり、武士道とは、何時、如何なる場合でも主君の馬前で死ねるということである。このもののふの道は軍国主義華やかなりし時代の日本では通常のことであり、いわゆる軍歌の「海行かば」の思想がそうである。これは万葉集に次の原歌が存在している。

「海行かば水漬く屍　山行かば草むす屍　大君の辺にこそ死なめ　かえりみはせじ」

しかしながら、このもののふの道を武道と誤解する人が多数存在していたことは事実であり、例えば宮本武蔵や柳生但馬守すらが誤解したことであり、それだけに現代において、そのように誤解する人が多数いても不思議ではない。

「武道は人格陶冶の道である」との見解も、非常に多くの人に支持されている。これは人間形成への道であると考えても同じことである。この点に関しては間違いであると、簡単に決め付けるわけにはいかない。理由は「何故武道なのか」で詳細に説いてある通りである。だが、武道を学んでどのような人格ができあがるかは、また話は別である。

次に「武道は護身術そのものである」との見解は、半分くらいは正しいといえよう。実体的に見れば、つまり純技術的に説けば、攻撃・防禦の技を一体としたものが武道なのだから、相手を倒しての護身と見るならば、これは間違いではない。しかし、この見解はあまりにも武道を技術的に見過ぎているのである。そもそもの起源はそうであっても、歴史性を省みることなく結果までも護身術と捉えてしまっては、実体論に堕してしまう。

何がまずいのかは、人間の認識を無視しているということである。人間の認識すなわちココロと武術との絡み合い、その浸透、その発展の問題を欠落させているからである。ここは構造的過程的に捉えて、「武道は武技を駆使しての、生命を賭けた勝負の道である」と、はっきり把握してかからねばならないのである。

次の「武道は精神鍛錬である」との意見も一般的であろう。しかし、これではあまりにも一般的過ぎて、結果として何も説いていないのと同様である。何事であれ、熱心に行えば精神鍛錬となるもの、だからである。近視眼的に見てもマラソンはそうであろう。加えて並の精神鍛錬ではない点では、武道以上のものがあるともいえるからである。

「昔はともかく、現代武道はスポーツである」との見解は、既に一般常識であろう。武道をスポーツとして捉える思考方法はあまりにも普及しており、現在では本来的な武道を唱えようものなら時代錯誤と軽蔑されるくらいである。これは一重に武道とは何かを対象の構造に分け入ることをせずに、現に存在している形態のみから感性的に捉えてしまっているからである。あえて説けば、頭脳活動の低さ、もっと正確には対象たる事物を考える能力の欠如である。

「人格陶冶である」というのが、人間のこの認識を単なる感性レベルの精神論で捉えることにのみ急なあまり、技術レベルの軽視に転落していったように、このスポーツ説も、技術面を感性レベルで把握するのに急なあまり、人間性を軽視して人間の精神の目的的形成を欠落させてしまったものである。

ここで「武道はそもそもナンセンスである」との意見について、少しだけ触れておきたい。

一言で評すれば、このような見解こそナンセンスそのものである。それは当人によってナンセンスと思えるだけのことだからである。何事であれ、人間がまともに取り組むものは、それ自体としてナンセンスということはない。それを意義あらしめるか否かは、それに対する当人の姿勢＝その当人の認識＝目的的意志が決定するのであるから。これが分からない人は、およそ生き甲斐のある人生とは何かについても、真面目に感じるのみで、まともに思考することは到底不可能な人である。成長期において物事を感性レベルで考えることは出発点としては結構であるが、それはあくまでも出発点でしかないことを、しっかり肝に銘じておくことが大事である。

最後に、少し文献を見ておこう。

剣術の奥儀いかなる者と思はば、まづ我が平生の刀脇指のうちを抜きて、向ふに立てて、敵もこれを持来るよと、ひたと思ひて見るべし。

（松浦静山『常静子剣談』新編武術叢書所収、人物往来社）

剣術は生死の際《アイダ》に用ふる術なり。

（佚斎樗山『天狗芸術論』同上）

この生命賭けは、それ自体としては正しい捉え方をしているといってよい。ここで昔の人は偉かったのだなと感心する諸君がいるかもしれない。しかしそれは、あまりにも単純な考え方である。確かに文章だけを読めば偉かったと、取れなくもない。だが、これは当時の事実を少しでも見ると、それ程のこともないと分かるものである。先程挙げた定義らしき文言を見てほしい。

「敵もこれを持来るよ」とある。当時は武士は誰もが刀を腰に差していたのであり、そして何時でもそれを使う用意があったし、また用意をしていなければならなかった時代である。

　現代の美術刀のように単なる飾りではありえず、刀は斬れるだけでなく斬るものというのが常識だった。斬れて当然であり、斬ろうとすればすなわち死が待っているのである。これは相手ばかりでなく、自分の側もそうである。故に刀を持つことは自分にとって生であると同時に、相手にとっても生であり、相対する者に対しては死であるばかりでなく、相手から見ればこちらも死である。事実そのものから見てもこのように生死一体であったのである。

　ここから当然のように、刀を持つことは生命賭けであるとの思念かつ思想が出てくることになろう。これが、それ程偉いものではなかったと説ける理由である。だが、このように事実を見れば単純に分かるはずのことが、どうして忘れ去られてしまったのか、という疑問が生じてくるはずである。それには次の理由がある。

　端的には、現実の真刀での勝負がなくなったことである。すなわち、廃刀令の故に真刀を腰に帯びるという現象がなくなるとともに、刀の本質↓武の本質も、次第に見えなくなっていったからである。これは現代の天才とも称された高野佐三郎にも、見受けられる欠陥として生じたことは次の項（「5　現在はどんな武道が存在しているのか」）で説いておいた。それ故、一般的には、武道が生死の道という感覚は摑んできたものの、その過程的構造の究明が全くなされていないので、その生死という具体的な（決闘等々の）事実が消えるとともに、その意義の確かさが疑われるようになり、時代に適合しないものとしてそっと脇へ追いやられてしまい、それに代えるに、健全なる身体という結果や過程に付随していた本来ではない事実がいわゆる本質として浮上させられたということなのである。

結論としては、現代武道家の説明は自分に都合のよい、勝手なもの、恣意的なものであり、決して武道の構造に立ち入った一般的な論理ではない。冒頭のように、武道とはあくまでも生死一体の勝負の構造を内に含むものであり、しかも「生即殺・死即殺」としての武技を駆使しての闘いであることを、しっかりと認識してかかることが肝心である。

5　現在はどんな武道が存在しているのか

武道とは何かについて、世間的に常識としてまかり通っているものが如何なるものなのかを説いてきた。次に、その武道の現存する形態について述べ、諸君の選び方の参考にするとともに、現在それを学んでいる諸君には、自分が一体、何を学ばされようとしているのかを明確にする、手伝いをしたい。

武道を漠然とした映像でしか思い浮かべられない人に、特に述べておかなければならないことがある。それは、武道を学ぶ場合には、武道一般として学ぶわけにはいかず、何か一つ、つまり武道と称されるものの内の何か一つをまず選ぶことなしには、武道を学ぶことは始まらないということである。

　これに対しては、どうしてなのか、何故、武道を武道そのものから学んではいけないのかという、ごく素朴な質問があると思う。これは初心者としては当然である。理由は、武道という言葉は、あくまでも一般的・抽象的概念であって、武道それ自体が現実に直接的な姿形としての実体的なものとして存在できるものではないからである。武道はあくまでも、剣道とか、柔道とか、居合道とか、合気道とか、空手・拳法だとかの特殊的・個別的なものとしてのみ存在しているのである。少し論理的に説けば、これらの個別的・特殊的武道のそれらに属する特殊性を捨象して、後に残った共通性を一般性として把握したものが、すなわち武道なのだということである。

　このように説くと、「いや、お言葉ではあるが、我々は総合武道、すなわち武道全般にわたって学んでいる。この事実をどう説明するのだ」との反論もあることだろう。この反論に対しては、「それらは素人目には、確かに武道一般らしく見えるが、それは単なる現象形態でしかなく、実態は個別武道の各々の武技からなる「モザイク的集合体」の武技そのものである。このようなモザイク的集合体の武技なるものを幾ら学んでも、得られるものは、ただ単なる説明的武技でしかなく、真の武道、人間を創る武道は断じて学びえないことになる」と答えておきたい。

　諸君は、そのような百貨店的武道界のあり方に目をくれる必要は全くなく、本当の武道を学ぶ以上は、ともかくどれか一つを選ぶ必要がある。しかし、である。これは初心者にとっては大問題である。現実はどのように選択されているのかを調べると、大抵は学校の体育で習ったからとか、先輩に薦められたからとか、気に入ったからとか、何かありそうだからとか、強くなれそうだからとかの、いわば直観的・場当たり的な選び方が大半である。

そしてそれが自分に合っていれば、運が良かったということになるし、ピンと来なければ「まあ、武道とはこんなものだろう」と妥協することになるか、もしくはサヨナラすることになる。

そこでここでは、その個別の武道について選択の基準になるように、少し説明しておきたい。同じ好き嫌いにしても、内容をよく知った上での方が良いであろうから。説いたように、武道への道は個別的な武道を選ぶことから出発するが、その武道には昔から武芸十八般と称される程に種類がある。その中で現代で最も普及しているものを取り上げることにしよう。

一　剣道

武道というからには、まずは誰しもがその存在を思い浮かべるはずの、剣道を取り上げるべきである。剣道は、その名の通りの（剣ならぬ）刀を用いることを最大の特色としている。ここにその剣ならぬ刀を用いることに真の魅力がある。そしてそればかりでなく、武道に関わっての極意をこれまた数多く残してくれているのも、この（剣ならぬ）刀の道を歩いた人である。

少し名前を挙げるならば、塚原卜伝、上泉伊勢守、小野次郎右衛門、柳生石舟斎、宮本武蔵、高柳又四郎、千葉周作、島田虎之助、云々ときりがなく、小説の世界でも、「音無しの構《カマエ》」の机龍之助、「円月殺法」の眠 狂四郎とスターが多数存在している。この過去の伝統の華麗さ・重厚さが、今も多くの人を引き付けるのである。

しかし、である。現代における剣道は残念ながら、いささか趣を異にしている。それは、日常生活の何処にも刀がなくなってしまったから、すなわち現代は、法的にも常識的にも刀は凶器であり、社会の敵とも考えられるものである。刀を振り廻すのは暴力団か精神的に少しまともでない人であるとの現実が、それをしっかりと物語っている。では現在の剣道とは如何なるものかを、大家だった人の著作で紹介する。

日本の剣道は脊柱を伸ばし、内臓諸器官の機能を向上させ、正しく、機敏に打ち、突き、かわす基礎的な運動能力を発達させ、相手の動作と企図を判断して、機先を制する心身錬磨の法である。　（小沢 丘『剣道入門』鶴書房）

これは、剣道の目的は健康法と体育にあると説いている。対象を現象的実体レベルでしか捉えられないと、このような考えになるのはやむをえない。しかし、この考えは小沢 丘独特のものではなく、現代の達人といわれた高野佐三郎の著作『剣道』（剣道発行所、大正四年）にもある。

剣道は剣を手にして戦闘するの技術を錬磨せんが為起れるものにして、其の元来の目的は

技術を巧妙にし、身体を鍛え、精神を練り、以て敵と闘ひて必ず勝利を得んことを期するにありき（当用漢字に代えてある）。

これは、剣道は剣（刀）をもって敵と闘うものだということである。この見解は現代においても正しいのだろうかと聞きたい人もいるであろう。これはこれでよい。幾ら時代が変わろうと、幾ら道徳観念が変遷しようとも、剣（刀）は斬るためのものだからである。この一点を欠落させるならば、剣道はもはや剣道ではありえなくなる。だからこそ、この一点を欠落したところから剣（刀）の堕落が始まっていく。「しかしながら」と高野佐三郎は次のように説くのである。

……是れを我が国将来の発展に照らし益々新たなる意義と価値とを感ぜずんばあらず。之を要するに剣道の意義を充分明らかにせんが為には数千言を費すも足らずと雖も、之を約すれば心身鍛錬の一語に帰するを得べし。

（『剣道』前出）

これは剣の道とは身体を丈夫にし、精神を鍛え、忍耐心を養うものであるということである。この考えをどうして高野佐三郎が採用するようになったのかは、社会制度そのものが、斬るという直接的な生々しい行動、思想を拒否しているのが大きく響いている。しかし、この最も大事な一点を欠落させてしまえば、剣道が単なる棒振りに堕してしまっても、誰もまともにその変節を非難することは不可能だったはずである。竹刀の持ち方が刀にふさわしいものであろうがなかろうが、一向に差し支えないものになったのも、宜《むべ》なるかなである。

これが現代の剣道の実体である。武道としての剣道はもはや一般的には存在していないのである。それで、真の剣道を学びたければ古武道として残っている道場を探すか、後に説く居合道を学ぶべきである。しかし、別に武道でなくとも楽しければよいという人には、これはとてもぴったりするものである。何故なら、現代の剣道は、例えば武技を創る等の困難なところはほとんど避けており、小学生から防具と竹刀という変化的・崩技的剣道すなわち竹刀道を、大先生自らがなんとも真面目に剣の道として教えているからである。

人間性の向上・人格の尊重・人格陶冶と立派な言葉を口にはしながら入門時からやたらと他人を叩くことしか教えられない指導者に、武としての剣の道等は分かりようもなく、武道の門をくぐることの崇高さを、初心の憧憬の高みを感じさせることを知らない剣道家と称する人に、どうして武の道が、延《ひ》いては人の道が説けるのであろうか。

二　柔道

次に武道として有名なのが、柔道である。「花の講道館」を出発点とするこの武道は、「柔よく剛を制す」の言葉で知られている。なんといっても柔道を普及させたのは、富田常雄著の『姿三四郎』であろう。講道館創生期の四天王の一人といわれた西郷四郎をモデルにしたといわれているが、実は著者富田常雄の父も当時の四天王の一角を占めており、「形名人」との異称がある。この原作を元にした黒沢明監督の映画『姿三四郎』も大きく寄与しているといってよい。

柔道界も名人・達人が数多く出ているが、中でも西郷四郎、徳三宝、三船久蔵、木村政彦の名は忘れることはできない。だが、である。残念なことに、柔道界からはいわゆる剣聖に匹敵するような柔聖なる人は生まれていない。これは一つには、始祖である嘉納治五郎の神格化が過ぎたためであり、その嘉納の思想が柔の道を人の道に短絡させたものであったから、その空隙を埋めるには刀法の極意書をもってするしかなく、しかもそれもほとんど適応させきれないという武の心の実力のなさと、加えてあまりにも実体（柔技）の訓練のみを重んじ過ぎて、精神分野の究明を疎かにしたためだ、と思われる。

しかし、トップレベルは低くともその底辺は随分と拡がり、今や世界の柔道といってよいくらいの発展を見ている。では、柔道とは如何なるものであろうか。

講道館柔道を創始した嘉納治五郎先生は「柔道は心身の力を最も有効に使用する道である。その修行は、攻撃・防御の修練によって身体・精神を鍛錬・修養し、柔道の神髄を体得することである。そして、これによっておのれを完成し、世を補益するのが柔道修行の究竟の目的である」と教えている。表現は簡潔であるが、柔道の真の意義とその修行の目的は、すべてここに尽くされている。

（工藤一三『柔道読本』読売新聞社）

柔道とは心身の力を最も有効に使用する道であり、そのために攻・防の技を修行するものであるというのである。ここにも見られるように武道は顔を出していない。では、嘉納治五郎は武道を否定していたのであろうか。嘉納はそれについて、次のように説く。

柔道と命名したの……（は）、柔術を武術の範囲に止めて置けば必ずしも名称を改めなくともよかったが、身体を鍛えるにも物を考えるにも仕事をするにもこの原理を応用するやうになって来ると、昔武術に限って用いられた柔術といふ言葉では都合が悪くなって来た、それで何事にも応用出来る根本道のことを柔道と称へ又その根本道を個々の仕事に応用することも柔道といふやうにした……。

（嘉納治五郎「柔道の本義と修行目的」『武道宝鑑』所収、大日本雄弁会講談社）

嘉納は柔道を武術以上のものにしたかったのであって、武道そのものを否定したわけではなかったが、現代の柔道はこの嘉納の真意を無視して、全く武の道とは程遠いスポーツへの道を次のように突っ走っていったのである。

開拓の道は血のにじむイバラでおおわれていたが、それをくぐり抜けたとき、柔道を待っていたものは、近代スポーツの一つとしての広い普及と発展であった。武術としての柔術は維新を境に武士の消滅とともに滅び去ったが、それを脱皮した柔道は、……国際的競技とまでなった……。
（『柔道読本』前出）

嘉納自身は武道を否定したつもりはなかったものの、彼の後継者はきっぱりと武道とは縁を切り、スポーツとして育てたということである。「嘉納よ泣くな！」と思わずいいたくなるが、自らが蒔いた種が育ち過ぎた、ということでしかない。従って、ここでも武道を期待すると、裏切られることになる。スポーツでは、まともな精神を育てるのは無理というものである。

どうしても現代の柔道的な武技を武道として学びたい人は、古流柔術か合気道を学ぶべきであろう。しかし、「そこに必ず武の心が存在するから」というのではなく、その道へ到る実体的武技だけは残されているからである。

三　居合道

二大武道を紹介したが、武道中の武道である肝心の剣道・柔道が体育・スポーツになっている現在は、武道は存在しないのではないかと思われよう。

そもそも剣道は、剣（刀）でもって相手を倒す武術である。その剣（刀）は構えることから勝負を始めるのを常態としていたが、剣（刀）を構えないままに身構える術＝無構の構えとして存在意義を主張する刀法の一派が、現われてくる。その一派はこれを刀術とは独立に居合術と称することになり、林崎甚介がその祖といわれている。また田宮平兵衛、長谷川英信等も著名である。しかし、現代の居合を行う人には、これも武道ではないことになる。

居合とは、個（人）を完成するために、日本刀を用いて心身を鍛錬する体育であり、刀の操法である。

（加茂治作『居合道入門』愛隆堂）

確かに剣道が身心鍛錬にされた事実を見るならば、居合は体育であり、刀の操法であるというように変化しても、少しも不思議ではない。だが、まだまだ居合は剣道よりもまともなのである。何故かといえば本物の刀を用いるからである。本物の刀をじっと眼前に持って見れば生死の境を感じるに不足は全くない。しかし、これを体育とか刀の操法とか、という低いレベルで捉えてはならず、本当は武道だと名乗るべきであり、武道として教えるべきものである。

四　合気道

さて、居合が剣術の一流派として誕生したものであるように、柔術の一分派として大成したものに合気道がある。講道館が柔技の中の投技、締技を中心にして構成された結果、それらの行き方に当然に反対する流派も出ようというものである。残された武技の関節技を中心とする投技にまとめて大成したものが合気道である。但し、合気道界の人は、関節技を用いていると決め付けられるのを、何故か大きく嫌っている。

合気道は、その字のごとく「気を合するの道」である。……相手に和す精神を持つ人格を完成せしめ、……さらに……自然即自己という境地に達する修業である。

（塩田剛三『合気道入門』鶴書房）

己の「気」と宇宙の「気」を合体させて、「我即宇宙」の境地に達する精神修養が、合気道の根本なのである。

（植芝吉祥丸『合気道入門』光文社）

合気道とは自然＝宇宙即自己＝我ということであるというのだが、当人がなんと理屈を付けようと、合気道は柔術の一分派の発展したものでしかない。しかし、これはまだ十分に武道たりうるといってよい。肝心なのは、現在の修錬のように数多くの武技を教える（教わる）のではなく、少数の基本武技を徹底して武道の心をもって会得するところまで、学び続けることにある。

五　空手＝拳法

この他に武道として存在しうるものに、空手＝拳法と弓道がある。

空手＝拳法は、突・蹴主体の攻防武技をもって成り立つ武道であり、これは中国拳法の流れを汲むものであることは、もはや常識である。しかしそこから、中国拳法の亜流と見做したり、中国拳法よりレベルの低いものと決め付ける人もいるし、また反対に、日本の方が中国よりも立派に発展したのだと、唱える人もいないではない。これに関してはある中国拳法研究者から、日本での発展は武の本質とは無関係であるとの見解が寄せられている。

ある人は「中国に起源があっても日本へ入ってから発展した」と云っているがそれ等はいずれも、営業的発展、組織的発展、社会的発展などであって武術の本質とは関係のない発展である。

（松田　鉦『中国武術』新人物往来社）

日本武道が現在では営業的、組織的発展をしているのは事実であるが、武術の本質の発展がないかのように説くのは、少々言葉が過ぎるというものである。例えば『猫の妙術』等の極意論、『五輪書』等の技術論は見事なものである。空手武技にしても、蹴技等中国拳法より立派になったものもあるだけに、自分の実力の範囲内で物事を判断すべきではない。どちらが見事なのかは、これは現在だけではなく将来の問題でもある。

六　弓道

現代弓道は静止体においての精神統一という修錬にとても良く、武道ではないが、女性の鍛錬には有意義であろう。

以上、武道を紹介してきたが、ここまできて非常な不思議さを感じている諸君がいるはずである。それは「どうして武道を行っている人は自分の武道を武道と認めるのを避けて、スポーツであるとか、体育であるとか、健康法だとか、和合法だとかと述べているのだろう。まるで武道家であることから逃げようとしているかのようである。武道はそんなに疾《ヤマ》しいものなのか、或いは恥ずべきものなのか」である。確かに変だと思う。どうして武道に誇りを持たないのだろうか。

武道をスポーツとして行いたいのなら、初めから他のスポーツをやればよいのだし、どうしても姿や形が忘れられないのなら、道と名乗るのを止めて、例えば竹刀競技とか、竹刀打法とか、柔法競技とか、拳法競技とか、とするのが正しいあり方であろう。

では、何故武道でなければならないのか、スポーツでは何がまずいのか、と問いたい人もいよう。それは、武道とスポーツとでは人間形成の、認識（精神）発展のレベルが違うからである。日本武道が到達できた精神の高みを山岳に喩えれば、スポーツの場合は富士山レベルには登れてもエベレスト級の山々には到底無理だからである。だからこそ、スポーツ界からは極意論は出てこないのであるし、極意論として存在しているのはすべて武道とか宗教の世界からの借りものだけである。それだけに武道における文化遺産たる認識論の最高位である極意・奥義、すなわち心の深奥が何故に生まれ出たのかを論理的＝学問的に反省してみる必要があろう。

嘉納治五郎は柔道の創始者としてあまりにも著名だが、自分が創出した柔道を自分勝手に概念構成をして武道以上の実体的存在に位置付けたため、柔道の概念が曖昧模糊《アイマイモコ》としたものになり、結果として現在では武道とは何かの探究、延いてはその価値がまともに評価されることがないままになっている。だから、柔道界には極意論は薬にしたくも一片だに存在せず、結果として秘技レベルの実技があたかも極意であるかのように信じられている。

例を挙げれば、「柔よく剛を制す」とか、「押さば引け・押さば廻れ」がそうである。人間はただ何事かを追求しただけでは、何かある事実を知っただけでは、何かある強さ、速さに到達しただけでは決して見事ではないのであり、人間の人間たる所以は人類の文化遺産として残しうる何物かを創造することである。

武道を志すにしても同じことがいえよう。単なる強さのみを目指すのでは闘犬とか闘牛とかとあまり変わりはないといわれても、返す言葉もないはずである。宮本武蔵が偉大であると説かれ続けてきているのも、後世に残すに足る『五輪書』をモノしたからであり、その中身の論理の見事さにこそあるのだと分かるべきである。何故なら、宮本武蔵クラスの達人は史上何百人も存在していたのであり、強さのみで人間の価値のレベルは計れるものではない。一介の野人でありながら、あれだけの論理を残しえた点にこそ宮本武蔵の見事さがあることを忘れるべきではない。これは嘉納治五郎とて同じことである。

それはそれとして、これら武道の一体どれを選ぶべきかで困惑している人も多いのではないかと思う。そこで選ぶための手引きを少し説いておきたい。

武道はその攻防の武技を徹底して修錬することによってのみ、その道を歩くことが可能なのであり、その攻防の個別的な武技は、元来その武技に適した素材を持った人によって創造されてきた。逆に説けば、その道の創始者はその道に適するような人材であったわけである。

それだけに、その道を歩けた人と違った素材を持つ人は、正当な学び方にも人一倍の努力と苦労を要求されることになるだけに、武道の何を選ぶかに慎重でありたいものである。特に大事なことは、その武道が自分に適しているかと自分の好みに合うかの二点を合わせて考えるべきだということになる。そこで、適否を考える方法を剣道を例に、簡単に説明したい。


剣道の利点とは何かは、端的にいって、剣道は余程の悪条件がないかぎり学ぶに容易な武道である。剣道はその名の通りにではなく、本来、真刀（本物の斬る刀）を用いるものであった。しかし、真刀を用いての修錬法がなかなか困難なところから、真刀→木刀→袋竹刀→竹刀へと、より怪我をしない優しさを求めて転生してきて、現在は竹刀がほとんどである。この竹刀は可愛らしい姿形をしているので、怖さがないだけにとても親しみ易い。だが、可愛いとはいっても竹刀は刀技の重要な部分を占めるだけに、竹刀にしっかりと慣れる（なじむ）ことが大事である。また竹刀を用いるということは、これは他の武道の武技に比べると非常な利点がある。

第一に、この武技の最たる部分を占める竹刀は、何処ででも簡単に手に入れることができるし、壊れても直ちに代わりの竹刀があるからである。これが柔道であるならば、剣道における竹刀的な部分として手と足（腕と脚）が存在するが、この手や足は大きな怪我をしたら柔道の技が不可能になるくらいの重要性を持つ武技である。そしてこれが空手＝拳法ならば、相手に当てることすら不可能となろう。この武技である手と足は竹刀と違って、簡単に壊してよいというわけにはいかない。何故なら、壊してしまったならば、代わりの手や足はないからである。

第二に、この竹刀は幸せなことに他人から買えるばかりでなく、ほとんど質的に均一のものであるだけに、Aの竹刀は上等で使いよいが、Bの竹刀はボロでどうしようもないということは、まずない。しかし、他の武道、例えば空手における拳技や足技は自分の手や足を用いて、自分の能力で創らなければならないし、また代わりはない。これは個人差が大きくなる可能性が非常に大きい。このような他にない利点を剣道は持っているだけに、簡単に入門できるといえる。だから最初の段階で躓《ツマズ》くというようなことは、まずありえない。以上のように説くと、うっかりすると良いことずくめのように思えるが、良いということは反面、悪いということにもなる。

剣道の悪い点とは何かを説くならば、以下である。

第一に、この竹刀は日常的に持ち歩くわけにはいかない、ということが挙げられる。よく、これ見よがしに木刀を振り廻している御仁がいるが、それを見る人は異様な光景としてしか受け止めないのが通常である。肝心の武器が日常的でないだけに、剣道はいざという場合の護身用には難しい、という現実がある。

第二に、武道心、勝負心はその武道の修錬の流れの中で創られるものである。端的には、その修錬の実態がその人の武道心を創っていくことになる。それ故、本物の刀法を学ぶ人は、その道の初めから真刀を持つ関係上、否応なしに真刀とともに生きる、つまり真刀を頼りにする心が生まれ、かつ創られていくことになる。すなわち現代では、竹刀と身体(カラダ)、竹刀と精神(ココロ)が、それこそ一心同体となるように修錬するものであり、また逆に、そうならなければ上達不可能であることは宿命的である。

かつて東映の映画に、『十三人の刺客』というのがあった。その中で達人を「西村晃」が完璧に演じきっていた。その武士は実に見事な強さを持っており、まず負けは考えられない程の実力者として登場していた。しかしそれは、実際は真刀がある・真刀を手にしている時だけだったのである。当人がそれを意識することなく闘いの場へ赴き、闘いが始まって時が経ち、肝心の刀が折れた後は、為す術もなくドブネズミのように逃げ廻ったあげくに殺されるのである。

ここが見事に剣道の本質的な特色、すなわち利点や欠陥をついている場面だと感じ入ったものである。剣道家にとっては二度と見たくない映画の一つであろうと、今でも思っている。以上で、少しは剣道の長所・短所が分かったはずである。

では、個別的に長所・短所を説いておきたい。

一　**剣道**

これは入門は容易だが、武道の本質を極めることは現代ではとても困難である。但し、防具を着用して木刀で闘うのならば、武道の心は少しは養成できよう。このことは日本武道の文化レベルの向上を志す心ある方に是非勧めたい。通常の人はスポーツ的・健康体操的入門ならとても良い。体格の良し悪しはさほど問わないだけに、護身用には、まあまあである。

二　**柔道**

これは本来的には、素材すなわち体格・体力をある程度必要としよう。だがスポーツ化した現在では、体重制になっているので、素材の重要性はそれ程ではない。しかし、である。武道としては武技を創る過程があまりにもみっともなく、正常な心が歪められるので最低である。現在はどこにも武道の心は存在せず、ボクシングの強烈な突技一つ満足に捌けない現在では、護身用にも大してならない。スポーツ化した現在は、花の講道館も姿 三四郎も時代の幻でしかない。まさしく、オリンピック出場向きである。

三　**空手＝拳法**

この分野も大分堕落してきたが、少しは野性味が残っている。しかし、それもそう長くはない。型は残っていても、その論理的探求がなされないことから形骸化しており、型そのものは武道からは程遠いものになっている。かつて日本拳法の澤山宗海が「空手の型は華法である」、すなわち役立たずの姿形と批判していたが、当時はともかく、現在はこれすらがお世辞に聞えるくらいのレベル・ダウンである。ただ護身術としてはまだまだ役に立つので、武道とは何か、と大げさに考えない向きには良い。

四　居合道

これは武道家たらんとする向きには、とても良い学びである。但し、現在ある姿形や修錬の形式に捉われることなく、本当に人間を斬るつもりで修錬する必要がある。そして二、三年の修錬の後には年に一、二回闘ってみることが必要である。それには剣道の防具を着けて、刃引きしてある刀で試みるか、次善の策として木刀で試すという方法でも良いと思う。敵を真正面に見据えた闘いを抜きにしては、秘技は当然のこと、奥義等はとても分からないものだからである。個人的な真刀の操法だけでは、仏を創って魂入れずである。

五　合気道

我即宇宙と唱えているかぎり、武道の復活はありえず、見事な操体的動きの心的宗教でしかないことになろう。だが健康法として多くの汗を流すには、もってこいの体育ではある。武道を華法と心得る女性には賛成である。但し、護身用としては大して役には立たないと思うべきである。

昔の合気道は確かに実力があった。例えば、植芝盛平とか塩田剛三は、確かに達人であった。しかし現在の合気道は次第に華法化してしまい、ほとんど役に立たなくなっている。もう少し護身的な勝負という観点から、武技を役に立てられるような修錬体系を創ることを考えるべきである。

要するに、武道を学ぼうとするには、余程に良い指導者に付き昔風の修錬法を一つ一つ重ねなければならないが、これは大変に困難である。具体的には、あまり若い指導者（特に二十代から三十代の前半）のところは無理であり、剣道であれば、少なくとも一年くらい、どんなに短くとも、半年以上は防具を着用させないところ、もっといえば木刀か真刀で一年以上も基本技を修錬させるところが良く、柔道は古流柔術くらいしか、もはや無理と断定できよう。

居合道は大体お年寄のところなら、まだ間違いないであろう。特に軍隊の経験があればなお良しであるが、これはもはや昭和の時代なら求めえた過去のことである。

合気道は若い指導者の道場は絶対に止《ヨ》すことである。うっかりすると、ダンス紛いの練習を教えられてしまい、暴漢に襲われたらひとたまりもないことになろう。

弓道は居合道と同じくあまり悪くはないが、武道の心を学ぶには大きくレベルが落ちるのを分かって行うことである。何故ならば、現代弓道は武の道として弓を究明するのではなく、単に的を狙って矢を当てるという、精神（ココロ）を乱さないという精神統一というスポーツレベルの訓練しか行っていないからである。

的も動かず、人も動かずといった静寂の中で、しかも自分に向かう対手もいない修錬は、初心のレベルとしては十分に効果があるものの、上級者に武技の道（生即死・死即生）を探求させるには程遠い存在である。すなわち、自分を狙っている対手の矢をしかと見据えることにも重点を置かなければ、精神（ココロ）は見事には育たず、現在の訓練を武道だと勘違《カン》いしていると、精神（ココロ）はまともに育たず、いざとなればすぐに動揺してしまうからである。

但し、静の心を求める（茶の心）のであれば、運動らしきことができる点からいえばお茶やお花の修業よりは大きく健康に役立つのは確か、である。

男子修錬生との闘嵐組手

第四章　上達への道——初心者・指導初心者のために

1　学び方＝上達の方法が何故必要なのか

武道の学び方を説くにあたって、どうしても説明しておくべきことがある。それは、ここだけは、必要以上に詳しく、かつ直接に関係がないかのように思われることまで、説いてあるということである。その理由は学び方であるだけに、全章にわたって必要な基本となるものの思考方法（考え方）を、まず理解する必要があるからであり、武道の学びには優柔不断さを棄てなければならないからでもある。

人生にとって安易な道はありえないことをまず知っておくことが大事である。どのような道を歩こうと、必ずそれなりに困難が伴うものである。となれば、人生にとって大道を歩けるように苦労するのが、最高に良いことである。そう思えば、大した努力ではないはずである。どんなに大変であっても、まずは頑張ってみることを勧めたい。

何故なら、如何なる人間であっても、しっかりと学んで努力していくうちに、次第に精神力が倍加していくからである。またそれだけに、人間としての考え方もしっかりしてくるというものである。あえて説くが、諸君が武道以外の分野に進む場合にも、本書は十分に入門書としての役目を果たしてくれるはずである。

諸君の中には、もしかしたら武道に書物等は無用であると思う人がいるかもしれないので述べておく。人間がサル(猿)以上の存在になれたのは何故か、人間がサル(猿)レベル以上のヒトとなり、そこから思うことが可能となり、結果、考えられる人間となったのは、どのような行動(労働)を行うことによってであるか、それ以上に何故に人間のみが歴史性を持つ存在であるのかを、考えたことがあるのか、と。簡単な答は、人間は、その自らの精神(ココロ)をより見事にしようと努める存在として成長してきたからである。

(一)　武道にも学び方は存在する

武道にも学び方が存在するのか、という問題である。素直に考えれば理解できるように、物事にはすべてそれらをモノにする方法がある。例えば、部屋の掃除とか紙の切り方だって諸君よりは両親、特に母親が上手だろうし、諸君の大半は「まあ、まあ、こんなに下手なやり方をして！どうしてもっと上手にできないの」と一度ならず、叱られた経験を持っているであろう。そして最後には、必ず次のように諭されるであろう。「それは心の問題なのよ。心を込めて行いさえすればできるものよ。心を込めるとは単に一生懸命にやるとか、情熱を込めるとかとは訳が違うの！」

この「心を込める」の問題はとても大事な事柄だから少し説きたい。

例えば一流ホテルのコック長クラスの人が、テレビとか新聞のインタビューに答えるにあたって異口同音にいう言葉である。曰く、「料理に上手・下手はありません。肝心なことは、料理に愛情を持つことです。つまり、料理に心を込めることです。これに尽きます」と。これは確かにこの通りである。心を込めることが上手になる秘訣なのだから。しかし、我々はこのような達人の言葉を認めながらも、次のように述べたい。

「それは認める。それにもかかわらず、それだけでは真理ではない」と。達人の言葉に何が不足しているのか。それは学び方が存在するということが、忘れられていることである。人類は誕生して以来、ずっと同じレベルではなかったことくらい、つまり、ずっと進歩してきたことくらい、ほとんどの人にとっては常識である。しかし、この進歩もまた当然に試行錯誤の連続、すなわち失敗を幾度となく重ねていく途上での、ようやく成功を伴った進歩であったというのが実際である。

だからといって、「何事も試行錯誤でやればよいのだ。やっているうちに正しい方法が自然と身に付いてくるものだ。要は一生懸命にやることでしかない」と勝手な、それなりには間違ってはいない答を出してよいものではない。このようなことを短絡的思考（物事を、過程を抜きにしてせっかちに結論付け、原因と結果を簡単に結び付けること）というのである。

確かに、常識的にしか考えたことのない、或いは経験のみで人生を送っている人は、「人生すべて誤謬の連続さ」と悟ったような発言をする。しかし、そんな発言をする人はよく見ると現在は実力があって、大抵の事柄を間違いなく行える人である。だが彼等がそう説けるのは自分の過去を振り返ってのことなのである。現在は、大したミスもなくまともに人生を生きられるようになっているから、そう説けるだけである。しかし彼等は、試行錯誤の過程からそれなりの方法論をものにしえているのである。だからこその発言なのである。

ここからある論理が浮かんでこよう。そのような達人は試行錯誤的な繰り返しの経験からそれなりの正しい方法を現在は摑んでいるのだということである。ここで大切なことは、だから試行錯誤は当然なのだと開き直ってしまって、ただ心を込めることに気を配るだけに終わるのではなく、彼等が到達できたそれなりの方法論を、短く学べないか、十年かかるところを五年では行えないのかと、試行錯誤を少なくする方向へも心を込める必要があるのではないか、ということである。以上、正しい学び方は存在しているにもかかわらず、大抵の人は学び方をあまり知らないということである。

（2）ベテランの先生の教育方法を問う

日本には義務教育というのがある。この代表格は小学校である。そこでは、授業はきちんとした学び方が存在している。例えば、授業体系も一年生から六年生まで学ぶべき事実が整理され、区分けされて、一年生には一年生の能力に見合った内容が配分されており、決して六年生の能力を要する部分を一年生に与えたり、或いは何処から始めるかは適当でよい、とはなっていない。一年生には一年生的な、二年生には二年生的なのが、長い経験から正しいとされた内容で配分されている。だが、これを教える先生はどうなっているのだろうか。このように見事に適合しうる方法を身に付けているのだろうか。答は否である。

先生は試行錯誤によって自然成長的に実力を伸ばしていくだけ、である。これは、いわば喧嘩拳法的である。例えば、新任の先生、或いは初めて受け持った学年の担任に意見を聞くと、「いやあ、参っています。簡単なことをどうにも理解してくれない。教え方がまずいのかなあ。こんなのが続くのだったらノイローゼになりかねないです。周囲が皆、お前はバカだといっているような気がしてきます。どうにかこなせるように早くなりたいです。でも努力しているので、なんとかなると思っています」と答えるのが通常であろう。

ところが、ベテランの先生となると「授業って楽しいものです。子どもがこちらの意図通りに伸びてくれるので、なんともやりがいがあります。ノイローゼ？　いやいやとんでもない。子どもは私にとって生きがいそのものです」と、これはもう張り切った返事が戻ってくるというものである。だが、この先生に昔からそうだったのかと問うと、必ず次の答が返ってくる。「いやあ、それを聞かれると弱いんですが、若い頃は悩みも悩んだりで、ノイローゼになることもしばしばで、試行錯誤の連日でした」。この先生の返答を要すれば、次のような見解＝論理となる。

「何事を行うにしても初心は難しく、努力し試行錯誤を重ねてゆきさえすれば、道は自ずから開けて、それなりの打開策が発見できるものであり、長い年月を経れば自分の掌《タナゴコロ》を指《サ》すが如くの、ベテランともなれる。」

このように説くと、先生も試行錯誤を重ねながらベテランになったのではないか、少し話が違っているではないかと思う人もいるだろうし、反面、ああそうか、このベテランの先生が辿ってきた試行錯誤の道をまともに組み立てたのがいわゆる教え方＝方法なのだと、感じ取る人も出てくるだろう。その通りに、個人としては、行動＝実践は試行錯誤の連続、つまり積み重ねが為されるる形でしか存在しないものの、その個人の行動＝実践も全くの自己流というわけではなく、必ず他の個人の行動（実践）を参考にしながら、行っているのである。

「そんなことはない。私は他人と同じことをやるのは嫌いだから、いつも自己流そのものだ」と言い張る人もいるであろう。だが、これは嘘というより、勘違いである。何故なら、人間は誰かから教わらないかぎり、何一つ覚えられないし、行動できない生物だからである。

（3）頭脳活動（アタマの働き）とは何か

個人は常に他人の実践＝行動をそれなりの指針にして行動（実践）していくことでしか、人間として生きていくことは不可能である。この個人の行動（実践）の結果、個人はその人なりの経験の集積が可能となる。この場合、その人はそれをそのままにしておくのではなく、必ずそれを自分の使い易い形式に整えるようになっていくのである。例えば、自分の部屋をやたらとゴチャゴチャにしておく人はほとんどいないように、である。このように説くと、「そんなことはない、私は何もかも適当にしている、そんな形式なんかどうでもよいと思っている」との反論もあろう。

では、「君の部屋は形式等は構わないそうだが、机はひっくり返って、チリ紙と汚れた雑巾がサイド・ボードの中で、しかもレコード盤の上に置きっぱなしで、トイレに行くのは面倒だからと炊事場で用を足し、その汚れた場所でメシを炊くのか。或いは丼でコーヒーを飲み、雑巾で顔を拭いて、上衣の上にシャツを着、足袋の上に靴を履くのか」と問えば、これには「そんな馬鹿な、幾ら形式を無視するとはいっても、これでも私は人間だぞ」とのカンカンに怒った言葉が返ってくるはずである。その通り、君はまさしく人間だから形式を重んじるのである。すなわち、自分の生き方の便利さのために物事に自分なりの一定の形式、つまり秩序を与えているのである。これを与えるのは君の頭脳活動(アタマの働き)である。

このように人間は、物事とともにアタマの働きを整え、或いはアタマの働きとともに物事を整えるように、自分の経験をもアタマの働きの中で姿形化していく、つまり、それなりの目的の姿や形に従ってアタマの働きを整えるように育っていくのである。

これを難しくは、認識の論理化、或いは論理的認識という。認識というと、随分難しい表現のようであるが、簡単にいえば頭脳活動＝アタマの働きである。これは像の一つの姿形化なのである。人間は自分の五感覚器官を通して脳(細胞)に像を創る＝対象を反映するのであり、この反映した像が、過程的に抽象されて論理という像を創造していく。この像を論理的認識という。

この程度（像の創造）のことは覚えてほしい。この論理的認識、すなわち認識の集約化・抽象化・止揚化による論理化の結果の一つが、いわゆるカンとかコツの類いなのである。そんなことは聞いたことも、読んだこともないよと、反論したい向きもあるだろう。

それは当然である。何故なら、このような認識の構造を具体的・過程的に解くことができたのは、筆者がこの世界で初めてだからである。せめて、ここで次のようには分かってほしい。

「そうか、あのベテランの先生の能力は、経験の集積・集約によるところのカン・コツの類いなのだな。簡単にはカン的教え方・コツ的教え方ということなのか。もっとも、カンとかコツの類いも一つの論理だそうだから、このカン・コツ的教え方も格好良く論理的教え方の一つといってもよいのでは……。」

入門書はその道の専門家、すなわち、達人レベルの人以外は書けないものである。何故なら上達の方法は道のすべてが分かっていなければ説きようがないからである。何故このような断言的な言葉が可能なのかと反論したい人もいるだろう。入門書というものは、その道（学問でも武道でも同じである）の入口を単に教えるだけのものではなく、その道を極める方法をも教えるものでなければならない。ただ門に入るためだけであるならば、誰もが殊更に入門書を必要とはしない。どのように学んでいったらどれ程にまともにその道を極められるかを知るために、或いは失敗しないで上達するにはどうしたらよいのかのために、入門書は必要とされるものである。

となれば、入門書はその道の導きの灯であるだけに、その道の深奥までもきちんと光を照らすものでなければならないのは当然である。すなわち、その道のすべてを照らすだけの能力がなければ書けないものであり、また書くべきではない。

そうはいっても、現実的には愚にもつかない入門書が、山をなしているのは承知の通りである。そこで我々は、経験主義的でない、すなわちカンとかコツとかに頼るやり方ではない、真に学的といってよい方法論を説いていく決心をしたのである。ここで学的とは、世にいわゆる俗的学としての概念のそれではなく、学問的な概念による学としての方法論で、である。

そもそも学問とは、対象の構造を徹底的に究明することによりその論理を導き出し、その論理を一般化し法則化するところに成立するものである。このようなレベルの学的入門書としても、本書は説いていきたい。

ここで、現実に存在する入門書の大半は、愚にもつかないものであることについて説明しておこう。これに対しては反論があろう、と思われるからである。

「入門書はその道を極めた人でなければ書けないとのことだが、現在の入門書ががらくただらけであるとの言を信じるとすれば、その道を極めた人はほとんどいないということになるが、本当なのか。それともそのようなレベルの人は、入門書はバカらしくて書こうとはしないのか。」

これは本当に当然至極の反問である。これには答えておく必要がある。

端的には、その道を極めた、いわゆる達人といえども必ずしも入門書が書けるものではない、からである。あくまでもこれは書きうるだけの能力が必要である。例えば達人がいたにしても、優秀な素材として生まれて、そこまで成長しただけの人であっては、入門書を現実的に書けるには、それだけの書ける能力（努力）を必要とする。入門書は道を極めていなければ書けないが、道を極めても必ずしも書きうるものではない、「逆、必ずしも真ならず」なのである。

ましてや、その道の中途半端な人の手になる入門書等、まさにその字の形式的な意味そのままの書でしかありえず、門に入るだけでウロウロさせられる書であろう。だからこそ愚書あるのみ、という現実なのである。試みにどの部門の書物でもよいから、手元にある入門書を開いてほしい。そしてその入門書に、次の問題の解答があるかどうか、もし、なければその書物で解答が分かるかどうかを、探してみてほしい。

（問）私は運動神経がゼロに等しいらしく、何をやっても駄目な人間である。しかし、このままではなんの取柄もないので、何かを自分の身に付けたいとの念願がある。そこで、どうせやるからには武道を始めたいと思う。理由は、精神・肉体ともに鍛えるには武道が最高であると思うからである。私のような駄目人間でも武道がやれるであろうか。そもそも武道は何をやっても駄目であろうか。或いは、やれるとすればどれでも同じであろうか。

さて、解答はあっただろうか。或いはヒントくらいは摑めただろうか。おそらくは否である。あったにしても「努力すれば道は開ける」程度のお話だったはずである。ではこの問題に解答を与えながら、入門書が愚書として現象せざるをえない理由をも、述べていくことにしたい。

問題点は次の二つとなろう。

(一)運動神経が相当に鈍いがそれでも武道は学べるのだろうか。
(二)学べるとすればどの武道でも同じか、それとも何か異なるのか。

まずは、解答である。(一)に関しては、一般的には大丈夫である。体力・運動能力ともに並以下でよろしいといえよう。(二)に関しては否である。これは決して同じではない。易しい順に並べれば以下のようになる。
①弓道、②居合道、③剣道、④空手・拳法、⑤合気道、⑥柔道の順である。理由を述べる。(一)の場合、一般的にはというのは、これはあくまでも学的な修錬法によって、まともに修錬をすればという条件付きでの一般的には、である。というのは、現在まともな修錬法を採用している武道家はほとんど存在しないし、またそんな入門書もない。
故にここの一般的にとは、あくまでも学的な修錬法によれば、という条件付きであり、現在の武道界の状態では、ほとんど不可能である。すなわち、現在ある入門書の内容は運動能力のある秀才向けである。手元にある武道書には肝心の武道とは何かについてすら、漠然とした精神論しか説いていないからである。厳しくいえば、まともには何も教えてくれず、結果として武道を学

ぶつもりで武道への道はますます遠くなるものである。例を挙げよう。

「合気道」という武道があることは知っていても、現実にどんな武道なのかを知っている人は意外に少ない。（中略）

合気道は、洗練された武術の総合であると同時に、深遠な精神性に支えられていることも忘れてはならない。合気道（は）、単なる武術ではなく、……その名まえのように「気」を重んじる。……己の「気」と宇宙の「気」を合体させて、「我即宇宙」の境地に達する精神修養が、合気道の根本なのである。

（植芝吉祥丸『合気道入門』前出）

この御仁は合気道は単なる武術ではなく、気による精神修養が根本である、と説く。しかし気の修錬が武道だとは一体如何なることか、が何回読んでも分かることのない入門書である。『気』があらゆる天地自然の根源である」というからには、この著者が観念論の立場であることは理解できるものの、修錬の内容はと眺めると、「体技の鍛錬を通して、日夜、実技の錬磨に励んでこそ、初めて合気道の哲理と理念が体現される」という文句を素直に読んでみても、どうして「気」の鍛錬ではなしに「体技」の錬磨なのか全く不明なのである、と思う。武道をこのような恣意的・主観的レベルでだけ捉える類いの指導者の手にかかっては、運動能力ゼロと自称するレベルの人は、ますますどうしようもない境遇へ追い込まれることになりそうである。

ここで少し、「気」なるものの正体（本性）について説いておこう。これに関しては、一九八〇年三月に発刊された『武道修行の道』に説いた如く、「気」とは脳(細胞)の働きの一つたる認識の技化、すなわち、全身体的レベルの神経の活動を一気・集中的に強烈に働かせて、武技を強烈化することである。それだけに、精神力のみでは気はあまり働くようにはならず、気を見事に仕上げるには、脳そのものの実態的強化が必須となることを知ってほしい。

(4) 武技の本質の構造を説く

そもそも、武道は武技を駆使しての生命を賭けた勝負にその本質がある。だが、この武技は、天から与えられるものでもなければ、地から湧いてくるものでもない。自らの努力で武技を創出する必要がある。すなわち、武技を駆使するには肝心なその武技を、まず創出する必要がある。図示すると分かり易いだろう。

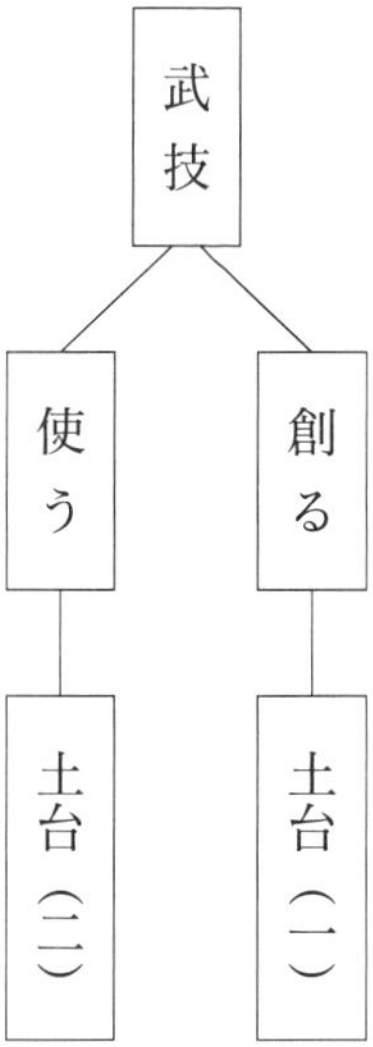

この図は、一見したところ「何」ということのない単純な構造に思われるだろうが、これは一般論＝本質論のレベル（抽象度が最も高い論理のレベル）の構造なので、それだけに単純な形式として表現可能なのである。この一見単純そうな、いわば公式図は、人間にとっての大原則であり、重要度を持つものである。

何故なら、人間はすべてにわたって生きていける素材レベルでしか、生まれてこないからであり、すべての面で人間として生活可能なように、周囲の人（まずは両親）が食事と運動と睡眠によって健康な生活が可能なレベルの図式をまず創ってやる必要がある。このような必然性が教育特に学校教育を生み出したのであり、このような観点から大原則をしっかり踏まえてかからないと、「教育とは一体何か」も、またその一般的な構造もほとんど理解できないことになろう。

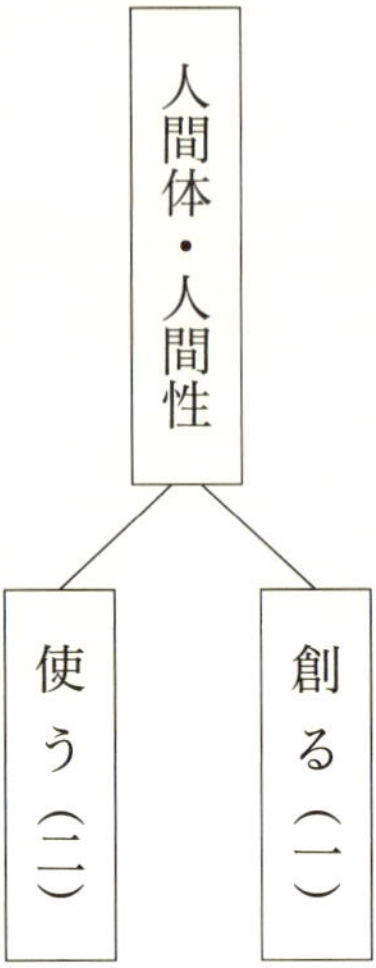

そしてこの場合、（一）と（二）の順序は適当でよいというものではなく、必ず、（一）から

(二)へである。しかし、物事によってその「創る」という労働(修錬形態)の難易が非常に異なる現実があるので、うっかりすると、どちらでもよいような錯覚に陥り易い。だが、レベルの高いもの程この順序はきちんと守る必要性があり、恣意的に行う程に後々シッペ返しを食らうことになろう。現代の教育界はむろんのこと、我が武道界においてもこれを無視或いは等閑視してきた結果、宿痾《シュクア》(慢性的持病)ともいうべき武技なき闘い＝ケンカ剣(拳)法に冒されてしまっていると断言してよいであろう。

(5) 武道界の指導者と駄目人間との関係

これは念のためであるが、武道界の指導者とて、武技はどうでもよいと思っている人は、一人もいない。これは武道家である以上当然のことである。

では一体、何が駄目なのかというと、それは武道家そのものとしてではなく、武道の指導者としてであり、すなわち、まともに武道をその構造に立ち入ってこの武技創出の重要性を武技使用の重要性との区別と連関で捉えられない、というところから始まって、一連の修錬体系が無謀に近いのに、そのことの反省がほとんどないということである。

つまり、ムード的にはなんとかそこを捉えてはいるだけに、とても大事であるとは自覚するものの、論理的に対象の構造に分け入って理解するだけの能力、を養成(創出)していないので、何処をどうしたらよいのかさっぱり分かっていない、ということである。その結果、武技の使い方が優先となり、肝心の武技の創出を中途半端にしておいての、試合歓迎ムード一色となり、弟子も楽しくてたまらないという、お遊びスポーツ武道が誕生しているのである。そうなれば、ますます運動能力「零」的な人は道場の片隅に追いやられ、どうすればよいのかを指導者に問うと「努力、そしてまた努力」とお説教されるだけであり、それでも駄目だとなると「人間、辛抱だ」とコマーシャル紛《マガ》いでの激励？　で終わることになる。

このような武道界の指導者が、どうして駄目人間であるのかについては、少し説明が必要だろう。あんなに熱心な、立派な先生なのに駄目指導者とはなんたる言葉だと、批判もあろう。この指導者が駄目になった理由は一般的には彼等がいわゆる武道的大秀才であったからである。どこの世界でも大秀才というものは指導に関してはどうしても駄目になりがちなのである。

（6）大秀才的人間の自負心と忘れっぽさについて

そもそも人間は、特に大秀才的人間は、一に、自らの過去を忘れがちであり、二に、自負心の大塊《タイカイ》である。一の忘れがちというのは記憶力云々という一般的なことではなく、自分がその道での初心者であった頃、何についてどれだけ心配をし、どれだけ苦労をし、かつ悩んだかという事実を、具体的な姿や形ではほとんど覚えてはいないということである。それを具体的かつ生々しい姿形で忘れてしまっているだけに、現在の弟子の苦労・悩みを前にしても、それ程のものとは思えず、ともかく努力しさえすればなんとかなる、の信念で支えてやろうとするだけである。

問題はそれだけではない。現在ある自分は、仮に同じ苦労、同じ悩みを過去に持ったにせよ、それは大秀才レベルでのものでしかなかった、ということを考えに入れていない。つまり、自分は素材的に恵まれていたのであり、それだけに指導者の下手な指導であっても、なんとかやってこれたという反省が出てこない。結果として自分の過去と同じものを、押し付けたりすることになる。だが、もっと困ったことが現実には起きてくるのである。

それは、自分の大秀才であった過去にすら必要とされた辛い苦労と悩みの事実をも忘却の彼方へと追いやってしまいかねない、ということである。自分の駄目だった昔をきれいさっぱりと忘れて、「ほら、こうやって使えばいいんだよ、簡単だろう」と、いとも気軽に受け止めてしまいがちなのである。このレベルの良い見本が、『三分間護身術』、『十日間で学べる武道講習会』、『武道を通信教育で学ぶ講座』の類いの書物である。これらは、夢を抱かされる初心者にとって、なんとも残酷なものであるといってよい。

確かにそれらの武技の姿や形は三分間で覚えられよう。だが、である。肝心の武技の中身たるや、初心者には十日では無理であり、最低三ヵ月は絶対に必要だからである。簡単な友好的相手に用いる英会話ですら、三分間では無理なのを知れば、まして敵対的な相手を目の前にした必死の武技が三分間や十日でなんとかなることはありえないのである。

しかし、これらの指導者は別に悪意があるのではない。実際可能であると思うからこそ、行っている。だが、そこには壮大なる誤解がある。それは自分に可能であることから、他人にも同じように可能であると短絡させているのである。この指導者は、武技の形式と内実（外側の武技の姿形と内実の実際の武技）を同じもの、同一性として捉えており、現象として我々の目に見える姿形を覚えることと、その覚えた姿形が自分のものとして我が身に定着することとを媒介なしに短絡させ、姿形を覚えさえすれば使えるのだ、としてしまっている。

ここで短絡とは、現代では悪い意味に用いる言語であり、直接に結び付けてはならないものを単純に結び付けてしまうことを意味する。二の自負心については説くまでもない。簡単には誰もが自負心は持っているし、それ自体としては少しも悪くないのであるが、大秀才は特にそれに捉われてしまうという欠点があるだけに、とんでもない方向へ走ってしまうのである。

（7）短絡的発想は過去を忘れることから起きる

確かに、武技に習熟している御当人には、難しい内容も単純化されているだけに、簡単に身に付くように思えるのは無理からぬことである。しかし、大人にとって当然の算数の九九が普通の小学校の低学年にとってどれ程難しいものであるかは、小学生の時、九九を暗記するのにどれ程の時間を費やしたかをほんの少しでも想起すれば、このような短絡的発想は起きようもない。

だがこのような発想が、通常の道場の修錬の中にも見事に生きているのが現実である。それだけにこの短絡的発想は絶対に除いてほしいものである。これに対しておそらく次のような反論が寄せられるはずである。

「いや、それは考えが少し違うのだ。私は自分の過去が如何に厳しく辛かったかを、今でもまざまざと想い出せる。あんな苦痛はなくて済むものなら、その方が良いと思う。だからこそ、自分の過去を反省して、なくても良いものは、今に役立っていないものは、省くことにしている。」

これは過去の苦痛はない方が良いと結論付けたから、省いたままであるということである。

だがこの考えもやはり短絡的である。ここでその指導者がなさねばならないことは、決してその自分の苦痛の過去を、「再体験させたくない」で済ませる方法如何ではなく、その苦痛を如何に省いてやれるかといった短絡的発想からではなく、過去の苦労・苦痛が如何なる必要性でなされたのか、その苦痛の効用は一体「何」であったのかを究明（構造に立ち入る）することなのである。これが一体、どんな意味を持つというのだ、苦労を省いてやって何が悪いとの反問があろう。そこで分かるように世間的な事例で答えておく。

修錬の苦労・苦痛というものは伊達《ダテ》に存在するのではない。いわゆる土地成金とか、ギャンブル成金とかの思わぬことで大金を手にする人がいる。このような人が生活を変える場合、どうしても無理が生じる。豪邸を建てても品がなく、洋服を新調しても着こなせず、調度品そのものがちぐはぐになる。これは本来の金持ちには金持ちなりの風格があって、これらも環境に依って創られるものだから、一気に金持ちになった場合は、それに関わっての精神の成長が追い付かないのである。自らの精神は自らの人生で創造するものであり磨くものなのである。金持ちには金持ちの心の磨き方というものが時代性として、それ相応にできあがってきているものなのである。

簡単に説けば、いきなり金持ちになってもそれに関わっての精神は自分の問題であるから、他人の精神を借りても（他の金持ちのマネをしても）無駄なのである。同じように金持ちにも、それなりの欠陥がある。金権第一主義なので、お金にならぬ文化は、まず育てようとはしない。この点では、歴史上は貴族の方が随分と優れた精神を磨いている。これは偉大とされている芸術家の大半は貴族文化の象徴といってもよいことで分かるはずである。

これが精神（文化）の伝統というものである。何事に努力するかによってその努力した対象に相応しい精神が創出されていくことになる。だからこそ、大秀才は冷たい部分がありがちなのだし、簡単に強くなった人は、弱さの持つ人間性を理解できず、その強さに相応しい人格が養成できないのである。

武道、武術への道が人を創るといわれる所以も、このような論理そのものである。この過程の通過させ方如何が、達人と殺人鬼との分かれ目となるものである。修錬で苦しむことの意義を真に納得させうる論理を持たないからこそ、必要である苦痛すら省き、楽しく学ばせようとしてしまうのであり、武道の意義を正面から捉えようとしないで、健康法だの体育だのとその副次的効果を大げさに宣伝する悲しい根性が育つことになる。

これと関連して是非に想起してほしい金言がある。それは「天才とは努力の別名である」、或いは「天才は九十九％までが汗の結晶である」である。これは、過去から現在までの多くの一流の達人が口にする言葉である、といってよい。

一流の達人の努力という言葉に含まれている論理（中身）は一体「何」であったかに興味を持つ諸君もいると思う。端的には、これが武技を創るという構造の表現なのである。この言葉に含まれている内容（論理）を、指導者はもっと真面目に究明すべきだと思う。そうすれば、「何」のための苦労であるのか、どうしてそれをなさねばならないのかの意味が、分かりだしてくる。

武道に限らず、将棋でも囲碁でも昔々の内弟子は、雑巾掛けから始まって庭掃除、水汲み、薪割りと続いて、肝心の姿形としての武道や将棋、囲碁の修錬が行われるまでに数年もの時が流れたとの意義を、科学的に究明していくならば、どれ程の宝物（端的には、名人、達人への必須たる頭脳力の養成である）がそこにあったかを知ることが可能となり、今まで無駄とも思い、損をしたなと考えてもいた過去の事実、つまりこれこそ近道だと思った自分の間違いが、次第次第に冷汗とともに分かってくるはずである。

結果としてその苦労＝努力＝苦痛とは如何なる内容（論理）かが次第に明確になり、「苦労は買ってでもせよ」との諺も悟れるようになっていくはずである。

（8）武技は「創る技」と「使う技」の二重構造である

先に図で示したように、武道の技＝武技は、すべて二つの部分（構造）から成り立っている。

一つは、武技を創る部分（構造）であり、他の一つは、その創出した武技を使う部分（構造）である。より正確には、この二つの部分（構造）のそれぞれに、それに相応した土台を創る作業が存在する。この土台論に関しては、何処にもその重要性が論じられてはいない。

この武技の創出、使用の二重構造論が書物として、世界で初めて提出されたのは一九七二年初頭出版の『武道の理論』においてであり、加えて武技の創出・使用を確かにする土台論は一九七七年に『武道とは何か』（ともに三一書房）で提出されたものである。

次に武技の構造に立ち入ってみよう。そうすれば、この武技の創出論がどうして『武道の理論』以前に提出する人物がいなかったのかを知る大きな鍵になる。武技はその現象形態（肉眼で見た姿形）としては、同じような姿形があるだけ、つまり、誰の眼にも同じようにしか見えないからである。これを剣道の例で説くと、姿形としては木刀を振っている、或いは竹刀を振っていることから分かるであろう。

だが、現象的にその単に木刀或いは竹刀なりを振っている姿形は、構造的には大きく分けて二つの意義がある。分かってみると簡単に「その通り！」と、素直に納得できることだが、それだけではなんの役にも立たないときている。

何故なら誰もが気が付いているように、姿形は一つ（つまり同じ姿形）なのに二つの意義を持つのである。だから別々に考えて取り組まなければならないのである。だが、実際に誰にでも見分けがつくのだろうか。何故ならこれは、同じものである（実体としては同一である）ものを二つに分けてしっかりと目で直視しなければならないのだから。誰にでも見分けることが不可能であるように、今までの武道家の誰もがその見分けを為しえなかったし、仮に感覚的（感性的）には捉えることが可能であっても、それが何故かをついぞ考えられなかったのである。

　それでは、その姿形としては同じものでありながら、実質的には異なって扱わなければならないものを、大方の人は、どうして気が付かなかったのかである。理由は、必要性がなかった、つまり考えなくともなんとなくやっていけたから、である。

　ここで強烈な反論があるであろう。曰く、昔々はそれが問題にならなくて、現在は何故問題になるのだ、と。これには答えるべきである。問題がなかった理由は以下である。

　昔の剣道家は、いわゆる武道家ではなく、単なる剣術家であった。だから、武道一般はすべて剣術（すなわち今の剣道）のレベルで考えていたし、それだけでしかなかったのである。

　剣術というものを具体的に考えてみてほしい。これは対手と本物の刀を持って闘うものである。本物の刀を持って闘わない剣術はない。もっとも、中にはヘソ曲がり的人物がいて、いや塚原卜伝は鉄扇で闘ったとか、鍋のフタで防いだとか、或いは荒木又右衛門は無刀取りをやってのけた等と説く人もいないでもない。だがそれは、過去に本物の真刀技を学んでおり、上達した後にたまたま刀がなくて刀の代用としてそれらを使っただけのことである。

　端的には、本物の刀を持って闘う、かつ修錬するのが当時は通常であったから、「刀とは何か」の問題を独立して（剣道の中から、刀だけを取り出して）考える必要はなかったのである。勿論、この刀は「関孫六」の作だとか、「備前長船」だとかの名刀を論じるのは当然であるが、剣道の中で刀は如何なる意義を持つのかは考慮外であった。すなわち刀はすべて剣術と一体としてのみ考えられていたということである。

別言すれば刀は刀鍛冶が創るものだという意識は持っていても、それが剣術の中で如何なる意義を持つのか、すなわち刀自体の意義を独立して考える必要がなかったのである。加えて剣術は大衆的な（武士階級一般としての）ものではなく、ある特別な才能ある人の極める特殊な存在であったので、とにもかくにも強くなることに専念して行えばよかったのである。

現在、常識的な説明である「昔の人は剣術そのものが人生であった、つまり当時は生命を賭けて修錬をする必要があったが、今の修錬者にはそれがないから」という論理は、それなりの正しさを持ってはいる。だが、である。現在と当時の修錬内容の具体的な反省なしにはどうしようもなかったのである。

指導者の頭脳活動の学びたる論理のなさが、結果として（一）の武技を創る面と、それを支える土台を創る面とをないがしろにしているだけでなく、（二）の武技を使う面を必要以上に重視したために、（一）の面をガタガタに崩してしまうことになったのである。いわゆる大まかな素材とは、常識でいう運動神経の鈍い人である。これらの人は、いわゆる素材が大まかであるだけに、他人がすぐに覚えられることもなかなか身に付かず、通常の上達は望むべくもない。しかし、これは悲観することではない。これには他人の数倍をかけた修錬を地道に、忍耐強く行いさえすればよいからである。だが、これには必ず反論があろう。

「私は自分に能力がないのを十分に自覚しているので、修錬にも十分の時間をかけ、他人の数倍は行ってきたといえる。しかし、私はほとんど上達をしない。やはり、先天的に武道向きではないのでは。」

これはもっともな反論である。これらの反論を否定しようとは思わない。だが、これこそが現代武道における方法論の欠点なのである。絶対にこれは、指導者が悪いのである。この指導者は武技の創出の特訓も、加えて土台を強化する策もなんら講じないばかりか、秀才タイプの人となんら変わらない修錬をさせていたはずである。これで上達したらこの人は天才である。上手にならない修錬を、毎日積み重ねてきているのであるから。指導者がまともに為さねばならぬ仕事の第一はこのような大まかな素材をまともに育てることである。

何故かはこれこそが、自身の頭脳たる論理能力を、まともに育ててくれる材料だからである。

2　武技の創出の道――どう学んだら上達するのか

人間はそのまま（教育されないまま）では人間として成長できないように、武道を学ぶ場合も、単に学べばよいものではない。同じ学ぶにしても立派なものでありたいし、見事な武技を身に付けたいのは当然である。この学び方は対象の構造が複雑な程に要求される。誰もが上達するためには、きちんとした学び方が必要である。武道はその長い歴史を持っているので、それなりの学び方は存在している。ここでは、それらの入門書に大して説いていない事柄について、説明してみたい。まず自分は武道を学んでいる、ということを、常に自覚していることが肝要である。この自覚が薄くなると、何時の間にか武道の形式は同じでも、全く武道とは無関係の修錬をしているということになってしまうからである。人間は目的意識的な存在であるだけに、常に目的を抱くことでしか行動しないのである。すなわち何をするにしても必ず、目的的に行うものである。

（一）目的を持つ意義の大切さを忘るべからず

一般的な目的として武道を学んでいることを自覚することは大切であるが、それだけでは不足である。目的は一般的なものばかりでは達成できないからである。これは武道の修錬全体の中で、その時々により具体的な学ぶ対象（目的）が異なるからであり、その時点での現在の目的は何かの自覚が大事である。武技を創るのか、武技を使うのか、或いは両方の統一か、それとも土台を創ることであるのか、等々とその時々の目的をはっきり自覚していることが大切である。

この目的は、一般的・個別的な理解の流れの中に、もう一つ、太い一本の線をどうしても通してもらう必要がある。それは「武道とは何か」という武道の本質を常に忘れないことである。武道とは何かの本質を抜きにしては、武道が遊びの競技に化けたり、或いは華やかな芸術になったり、四角四面的道徳になったり、体育になり健康法・養生法といったことになる。

武道を学ぶ目的が何であれ、それは必ず武道そのものを個別的に存在する、つまり実体として存在している武道、例えば剣道とか柔道を通して学ぶことになる。ところが、これらの剣道とか柔道とかはあくまでも実体的なものであり、そのままの現象形態たる姿や形が、「我輩は武道である」ということを示しているわけではないし、また示せるわけもないのである。

何故なら、武道という言葉はそれらの個別的武道の普遍的な面＝一般性を抽象した本質的概念でしかないからである。それだけに我々は剣道・柔道の修錬を通して武道を媒介的・観念的に頭脳の中で思い視るのみである。故に、常に心眼、すなわち頭脳活動としての認識力を働かせることで武道を視て取ることが大事である。

我々が現在修錬している実体的鍛錬だけでは、これは単なる手や足の運動に過ぎないのであって、それを真の剣道であり、武道としての柔道でありと為すためには、現実にその剣道としての手の動き、柔道としての足の捌きを行う人のその場、その場の頭脳活動たる精神たる観念・思い・ココロが武道的である必要があり、それが手や足の動きのなんたるかを決定付けていくのである。「そんな馬鹿なことがどうしていえるのだ」と、血相を変えて詰めよる武道家もいるかもしれない。

だが、である。人間とは如何なる存在なのかを、つまり、人間は即物的では決してなく、創られて（教育されて）初めて人間となりうることを、そして必ず目的意識的に行動する存在であることを反省できれば、説明は不要であろう。

以上、現実に運動しているその人が如何なる精神たる観念・思い・ココロでその運動を行っているのかが、その人の運動姿態の内容を決定付けることになる。この場合、剣道を競技なり、演技なりとして学ぶことはとても簡単なことは分かるであろう。どの剣道の入門書を開いても、剣道はスポーツであると明確に書いてある。

戦後剣道は進駐軍によって禁止されていた。その間にはいろいろの誤解もあったのであるが、それが今日になって、スポーツ体育としての本当の意義を見出した結果、現在では全く自由にやれるようになった。

（小沢 丘『剣道入門』前出）

古くから「礼に始まり、礼に終わる」といわれてきたように、剣道は非常に礼儀を重んじるスポーツです。

（志藤義孝『剣道入門』秋田書店）

戦後の剣道入門書を開けば、大抵はスポーツという定義付けをしている。ともかく、武道か武術であるはずの剣道ですら、スポーツであると勝手に変えられるくらい、人間の行動、運動はその人間の頭脳の働きである認識（ココロ）が決定するものであると、理解できることが大事である。

何故剣道がスポーツであってはいけないのかについては、端的には頭脳活動たる認識、すなわち精神（ココロ）のレベルが全く違うので、スポーツ心では武道の心は学べないということに尽きよう。端的には、「仏を創って魂入れず」である。すなわち、仏のつもりで創ってみてもそれは人形レベルにしかならないからである。

要するに、その本質が何であるかは姿や形が決めるのではなく、それを行いつつある当人の頭脳活動たる認識、すなわち精神(ココロ)が創り上げてしまうのである。それだけに、修錬の全般にわたって大目的＝根本的な目的をまともに把持していないと、勝手な当面の主な目的が一人歩きをして、それが何時の間にか本当の目的に取って代わっていくということである。

次に移ろう。実体的（現実的武技の）修錬での学び方で大事なことは、全体の順序としては易より難へがあってもよいが、まず武技を創る修錬と、その武技を支える土台（立ち方）を創る修錬だけは絶対に最初にやらなければならない。それだけでなく、ゆっくりと、かつ、たっぷりと時間をかけて行うことが必要である。近頃の修錬は、この一番大事なことをいい加減にし過ぎている。ここが最も大事なのに、である。それは、その大事さ、その難しさが、現象（見た目）として現われていないからである。武技の形式は易しく見えても、その実体（中身）は難しいのである。だが、大抵の人は簡単に通り過ぎてしまう。

人間は何事を為すにも、まずその何事かの技を創ることが大原則である。武道の場合も、剣道なり柔道なりについての、特殊な武技を身に付けることからその道への入門が始まる。この場合、そのものをそのものたらしめる、すなわち、剣道であれば剣道たらしめる武技を一つ、そしてまた一つと学んでいくわけである。勿論、これはその武道について大体一定してはいるのだが、剣道ならば剣道の、柔道ならば柔道の個別の武技、例えば、面打ちとか、背負い投げとかの武技は、幾ら能力がある人でも、いきなりその武技が身に付くわけではない。

ここで、その武技が一流へ到達できるようになるまでの、大事なところを説いておこう。

（2）武技そのものの学び方

一　武技の正しい姿形をまずは覚える

この場合、まずは、あまり肩に力を入れたり、全身に力を込め過ぎたりしないことである。私はその武技が見事に使えるぞ、とばかりに全力を用いる人がいるが、これはあまり意味のないことである。姿や形をまともに覚えるには、雑巾を軽く絞る程度で十分である。

二　姿形を身体に覚え込ませる

武技の姿や形が分かったならば、身体と精神（ココロ）がそれを覚えてくれるまで何百回、何千回と繰り返すべきである。ここで身体や精神（ココロ）が覚えてくれるとは、その武技の姿形が崩れないように、姿形が変わらないようにという意識を持たなくても、無意識にその武技の姿形が自然に正確にできるようになったことをいう。これは余程熱心にやることが大事である。そればかりか、柔道とか、合気道のように、相手がいないと姿形が取りづらい武技の場合には、大体、身長・体重ともにあまり差のない人、例えば身長は約十センチ以内、体重は約十キロ以内の人と組むことが望ましい。ともかく、あくまで力まないで行える（行う）ことである。

三　武技に見事に仕上げる

武技の姿形を身体そのものが覚えたら、力と速さに精神（ココロ）を込めながら徐々に、そして次第に本物レベルになるように行っていく。これも毎回少しずつ加えて行うことが大事であり、急激なことは無駄となる。ここでの修錬量は、一つの姿形を百〜二百回くらいずつ一日に行い、合計して二万回くらいの回数を重ねると、どうやらまともな武技の姿形に育ってくることになる。注意すべきは、力と速度を加えようとすればする程に、どんなに身体が姿形を覚えていても、次第にその姿形は変えられてしまうということである。これは、身体が覚えた姿形が力と速度を度外視して創られてきたからである。

これには、「では、初めから全力で姿形を創ったらどうなのか」との反問があろう。これは、もっともな見解のようである。しかし、駄目なのである。何故かといえば、人間は創られて人間となる存在である。となれば、武道を学ぶ場合にはその人間としての自分は、なんらかの姿形で自分なりの姿形の行い方、かつ力を入れる方法を身に付けているからである。勿論、これは無意識のうちに創ったものだけに、如何なる姿形・方法となっているかは、当人といえども分からない。ただ、なんらかの姿形で自分流に創られている。だが、これにしても、初めは力強く、と創ったものではなく、幼児から青年になる過程で、力を入れようにも力がないレベルから姿形を取ることで始まったものである。

このような自分としての人間技が、新たに未知の姿形を覚えようとする場合に、大きく違和感として働くのは当然である。それだけに、この新たな姿形を力強く行うとすれば、力は自分が通常用いてきた姿形に合うように働くのである。すなわち、折角覚えようとしている武技の姿形を正確に行うにも、その勝手な自分の力と速度が自分なりの働き方で作用してしまい、どうしても姿形が自分流に崩れてしまうことになる。だから、武技そのものの学ぶ姿形の第一は、武技の姿形を身体と精神（ココロ）に分からせることから始めるのであり、力と速度は意識しないでも使える程度という簡単なことから始めるべきなのである。

（3）三の段階への疑問に答える

ここで、非常な不安にかられる人もいると思う。曰く、

「それはおかしい。それはあんまりではないか。三の箇所で、力と速度を加えれば、どんなに身体が姿形を覚えていても、次第にその姿形は変えられてしまう、と述べてある。ここでも姿形が崩れるものならば、始めから自分なりの力と速度で行ったってよいではないか。なんで一、二、三という順序が必要なのか。」

これは、如何なる方法で行おうと同じように崩れるのでは、方法はどうでもよかろうに、との反論である。これは確かに一理ある。だが、である。この思考が現代の武道界を堕落させたのである。確かに、一の段階をまともに踏まえても姿形は変わっていくと説いている。これはこれでよいのである。理由を述べたい。身体や精神（ココロ）が武技の姿形を覚えてくれたことは確かな

ことであり、そして特に姿形を正しくと意識しなくとも正しくなったことも確かである。これは、この武技の姿形を覚えた時点での、あまり力強くは行っていない、つまり雑巾を軽く絞る程度の力と速度での姿形である。この雑巾を絞るレベルの姿形は、このレベルの力と速度では崩れるような変化はまずない。問題はここからである。

このレベルの力と速度（これをA段階とする）に少し付加したレベルの力と速度（これをB段階とする）で今までの姿形を行うとすると、余程細心の注意を払わないと、Aレベルでの姿形はBレベルの形には上がらない。しかし、ここを細心の注意を払ってBへ上がると、Bからその上の段階であるCへと上がることも可能になり、また同じく、CからD、DからEへと極限近くまで力と速度は可能となる。

ここで大事なのは、AからB、BからC、CからDへと一気呵成（物事を一挙に成し遂げる）に行わないことである。A段階である期間留《トド》まっていたように、Bでもある期間留まることが必要であり、Cでも、Dでもと同様の繰り返しを行うことを決して忘れるべきではない。

念のために、A段階でもB段階でも身体や精神(ココロ)がそれを覚えてくれるには、ある程度の時間と回数が必要だということである。もし、C段階へ移って、どんなに努力してもうまくいかないとすれば、それはまだB段階のレベルが十分にこなれていなかったということであるから、その場合は一旦B段階へ戻ればよい（戻るべきな）のである。このA、B、C、D……の各段階は当然に個人差があるだけに、全員が一様にはいかない。しかし、全段階を通してほぼ二、三万回なので、一つの段階を数千という単位で行えばまず大丈夫である。ここで、一つ注意がある。それは、この段階の修錬を「甘く見るな」ということである。大抵の秀才は、必ず、ここを簡単に通り抜けていく。特に、武道空手と合気道以外はそうである。その最たるものが剣道である。これはなんとしても改める必要があるのだ、断じてそうすべきだ、とすべての剣道家に直言しておきたい。

この段階での最後の注意を一つ述べておこう。それは、武技は最高、最大の姿形を覚えるべきである、ということである。武技は生まれつき自分の身体や精神(ココロ)に存在するものではないだけに、創る段階では如何様にも創れる。すなわち立派にも、駄目にも、大きくも、小さくも、ヒネクレ的にでも、壮大にでも、自在に創れる可能性を持つ。

ここで、自分は愚図で鈍重だから適当でよいのだ、と諦めてはいけない。誰にでもある可能性を、自分の現在ある駄目な精神(ココロ)で摘み取るべきではない。現在は駄目でも、駄目でありたくないからこそ武道を始める決心をしたのであるから、最初から愚にも付かない妥協はしないことである。

同じように、自分の好みで武技の姿形を決めたり、武技を小さくに使うことが見事なように見えるからという理由で、そう決めるべきではない。武技は小さく創れば、小さくは使えても決して大きく使うことはできない。大きく創った武技は大きく使うことが可能なのは無論のこと、小さくも使いたければ使える。大は小を兼ねるのである。大きいと当たるまでの距離があるから、タッチの差で負けるのでは、というマヤカシの論に乗せられないことである。

そもそも武道の勝負は身体としての人間のいわゆる肉体そのものだけの勝負ではなく、その身体を見事に駆使する、頭脳活動としての精神たる観念、すなわちココロを主人とした頭脳をまともに活動させた精神を合わせての身心の勝負である。すなわち、人間の勝負は身体に大きく影響を与える頭脳活動としての認識、すなわちココロが大きく作用するものである。だからこそ、武道の勝負には「隙がある・隙がない」が大きく問題になる。すなわち武術は単なる武技のみでなく、武の心技でも闘う勝負である。

この場合は、百メートル競争みたいなタッチの差は全く意味を持たない。人間としての精神の文化的高みの低い陸上競技レベルでの思考はしないことである。それに加え、仮に武技を小さく使う方が速いなら、小さく使えばよいのであり、何も気にすることはない、といえる。これにはまた反論があろう。「同じように小さく使うのならば、最初から小さく創って何が悪いのだ」と。

これは、どうでも良いことでもなく、小＝小の問題でもない。確かに現象形態としては同じであるが、全く異なるものがある。

この場合、確かにその人は武技を創っているのだが、それと一緒に自分が創っている武技が自分の精神(ココロ)を創る働きをもしているのである。すなわち、それは自分の武技と一緒に自分の武心をも創るのである。武技を小さく創るということに全力を挙げている武心が、逆に自分の精神(ココロ)を小さく創ることになるという皮肉さを思うべきである。これが武技を小さく創ってはならない、一つの理由である。

四　土台を創るとは

この土台の創り方は、特別に詳しく説く必要がある。

理由は、この土台こそが武技の創出を助けてくれる、すなわち武技をまともに上達させるのみならず、闘う場面にも激しくかつ見事に武技を用いられるようにしてくれる、唯一といってよいものだからである。だが、である。この土台は、外から見ただけでは確かに単なる立ち方そのものであるだけに、悲しいことに武道入門書は次のように説くだけである。

自然体

自然体とはすべての技、動作の基本になるものである。……

剣道の自然体とは立って右足を少しく前に出し、両腕は自然にたれ、頭を正しく保ち、眼は遠山を望むが如くし、何時、如何なる時でも、この構えに変化できる姿勢をいうのである。

自然体は剣道においてもっとも奥深く、清らかな、穢れのない姿勢である。ただ形だけ真似ても、決して真の境地に到達したとはいえないのであって、修練を積み重ねていく過程において、この自然体の真意を摑みとらねばならない。……剣道では「一眼二足」といって、眼と足は非常に重要視されているのであるが、これは練習によって自然に会得する以外にないのである。

（小沢　丘『剣道入門』前出）

姿勢のとり方

柔道には、基礎になる姿勢がいろいろあるが、そのうち〈投げ技〉の場合、最も基本的な姿勢として用いられるのが〈自然体〉と〈自護体〉の二つである。

自然体　自然に立った姿勢をいう。心にも身体にも、何のこだわりがなく、遠方の物を見る気持ちで、何気なく立っている要領である。……

自護体　名称からも分かる通り、相手の技を、一時防御するときに用いる姿勢で（ある。）……攻めるにしても守るにしても、自然体の姿勢が常に正体である……。

（工藤一三『柔道読本』前出）

構え

合気道では、柔道や相撲のように組むことはなく、一定の距離を保ちながら、離れて相対する。だから、相手の動きに対して融通無礙、自由奔放に対応できる構えでなくてはならない。つまり、合気道での正しい姿勢とは、体の力を抜いて無心に立ち、最も安定した、楽な自然体のことをいう。

（植芝吉祥丸『合気道入門』前出）

剣道、柔道、合気道に関する、というより、武道全般に関する如何なる入門書を開いてみても、土台についてのまともな説明は全く見受けられず、ただ、僅かに以上に引用した説明がなされているだけである。すなわち、剣道においては、「自然体」がすべての技、動作の基本になる（小沢丘）とあり、柔道においては最も基本的な姿勢として用いられるのが「自然体」である（工藤一三）とし、合気道では、正しい姿勢とは、身体の力を抜いて無心に立ち、最も安定した、楽な「自然体」のことをいう（植芝吉祥丸）のである。

これではまるで自然体の大安売りである。これを端的に説けば、武道における立ち方とは姿勢のことであり、それは普通に立ったままの姿であって、これを「自然体」ということになる。確かに、現象形態としてはその通りである。だが、これは武道としての純論理的には駄説、駄論であり、誤謬である。特に入門書としては間違いだらけの説き方である。この危険千万な見解が堂々と幅を利かしているからこそ、つまり、立ち方たる土台をこの程度にしか理解できないからこそ、弱い者が強くなれず、強い者も見事な強さを身に付けられないのである。

そしてこれが一般的には武技の乱れとして現象するのであり、識者が、「もっと正しい姿勢を」とか、「自然体が本姿だぞ」と厳しい忠告を与えても一向に改まる風がないのは、これは土台を無視した天罰であり、止むをえないことである。ここを、武道の金言は、以下の如くに諭している。

「自然体の弱さを姿勢の悪さによって補い、姿勢の悪さの欠陥を暴力的技化、すなわち武技の硬質化によって補う。」

これら武道関係の入門書の欠陥とは何かを説いていく。

地上にある物体は、必ず何か他の物体の上にいる。つまり、何物かに支えられている。だがこれらは通常支えられているという自覚はまずない。人間は必要性が認識(意識)を決めるだけに必要がなければ気にも留めない。物体は土台にまともに支えられているからこそ、そこにきちんと存在できている。そして当然ながら、物体が大きい程に土台も大きくなければならない。また物体が動く可能性がある程に土台も丈夫さが大事である。これは地震の例等で理解できる。人間は、足首を痛めて初めて、「足が大事だったのだな」と痛感する。

このように、すべての建築物に土台が如何に重要であるかを理解できれば、また人間も足があるから立ったり歩いたりできるのを見て取れれば、すべての武道の武技にも、それを支える土台＝立ち方がきちんとあるべきである、との発想もそう困難ではない。にもかかわらず、武道の入門書が土台という認識(意識)を持たず、単なる姿勢に矮小化している現実がある。これこそが弱い人が強くなれない原因である。

では、どうして武道家は土台という認識を持たなかったのであろうか。これには、理由が二つある。一つは、通常の人は、立って歩くという動作は日常的であり、誰もが何の疑問も持たないからである。そして武道の修錬も、当然のようにその人間的状態を用いるので、殊更に、立つことの問題意識が生じにくい。これは、我々が怪我《ケガ》でもしないかぎり、歩くとか立つとかの意義を、全く考えようとはしないことを思えば、納得できよう。

では、もう一つの原因は一体何であるのか。それは、武道本質論に基づく武技一般論（武技とは何か）がないからであり、それを踏まえての武技の構築論がない、からである。

武技とは一体何であるかを、加えてその過程的構造（どのようにして武技は創られているのか）を知っておれば、武技に対立するものとして人間技を統一して捉えることが可能である。そうすれば、人間の身体の全体的構造（骨組み）から、必然的に武道体としての全体的構造（武道体の骨組み）へと考えられよう。人間は二本足で立っているのであるから、武道の場合も二本足で立つことが原則であるし、人間としての手の動きを武技としての手の動きに創り変えなければならないように、人間として立っている足は通常の人間の身体を支えているから、武技を支えるには不足かもしれない、との思いが出てくる。

それでは人間体と武道体とでは、一体どちらがより強固な身体であるかに思えるであろう。左記のように思考することが論理的である。

「武道体は人間体より丈夫に創られているのだから、それを支える二本足にしても、その分だけ丈夫にしなければならない。そして、上半身を武道体として創った以上、下半身も武道体として創るべきなのがあたりまえである。すべてを武道体として創り変えればよい。上半身の強固さに見合った下半身の強固さは必須なのだから。」

次に、土台について少し説いておこう。武道において、土台とは武技を支える立ち方である。この武技を「支える」ことには二つの意義があり、一つは、武技を創るための土台であり、他は、創出した武技を使用するためである。これは、武技一般から見れば当然に土台をも武技に使えるものとして創ることである。単に人間体の土台を借りるのではなく、その土台を素材として武道体としての土台を創出することが大切なのである。

現在はこのような土台の重要性を説いている人はいるにはいるのである。しかし、それらの人たちも、その重要性を土台論としてまで構築することはできず、単なる現象論に留まってしまっている。「剣道では『一眼二足』といって、眼と足は非常に重要視されている」（小沢 丘『剣道入門』前出）と述べているが、これだけである。この御仁の頭の中には大事なことだとの観念は確かにあったのだろう。

しかし、どうして大事なのかの反省（究明）はなかったし、また、武技とは何かの思いもなかったがために、「これは練習によって自然に会得する以外にない」（同書）と、まるで修錬を熱心にして手に創るマメのような扱いをして終わっている。何故意図的に創るという発想がないのかは、伝統として受け継いできた剣道観について、それを少しも疑ってみることがなかったからでもある。また、笹森順造の『剣道』（旺文社）には以下である。

一　格体。本競技を行うにはよい姿勢の上によい体固めがいる。この体固めのことを格体という。すべて競技や仕事にとりかかるのにはそれぞれに適した体固めが必要である。……この格体ができると後にどんな技を出しても体勢が崩れず、確実な技ができるものである。
――

笹森もその重要性ははっきり認めているが、それが何故かは、少しも解くことがなかった。それで何時の間にか修錬体系から脱落するか、単なるお飾りとして義理的に為されるだけで、その発展的継承は遂に為されることはなかったのである。

では土台を創った場合、どう役に立つのかを少し述べてみよう。

初歩的な武道の武技で見てみるならば、剣道で面を打つ場合、もし足に釘が刺さったとしてこの人はしっかりと面を打つことができるのかは、考えるまでもなく、駄目である。面を打つ場合、足を少しも心配しなくてよい人は、必ず土台が健全であるからである。土台が揺らぐ条件が存在すれば、揺らぐ度合が大きい程に打てなくなる。では、土台が通常以上に丈夫だとすればどうなるのか。これはその分だけ荒技が使えるし、力強く打つことも可能になる。

面を打てば相手の脳にずしんと響く上段打ちが可能であるし、小手をまともに打てば相手の竹刀も軽く落とせるであろう。また、相手が打ってきても、受技が鋭くなるので打った相手をよろめかすことも可能となり、突技を入れれば、相手は吹っ飛んでしまう、といった豪快な武道らしい闘いが可能となる。弱さを引け目とする人も、土台さえ丈夫ならば、上級者同様の力強い打ちが可能となり、相手が一目も二目も置くようになる。

柔道にしても、同じことがいえよう。外国の柔道に引けを取るようになった大きな理由は、まともな柔道技が消えてしまったからである。そのまともな武技の消失に大きく作用したのが当人の土台の弱体化だったのである。現在、立ったままで相手にまともに武技を掛け終わる柔道家がほとんどいないのを見れば、如何にその土台が弱いことかを知る手掛かりになろう。

身体と一緒に、つまり武技を掛けるのに自分の身体の全力を借りて自分も倒れ込まなければ、相手を投げきれない程に土台も弱く、その上半身で行う投技もその分だけ弱体化している。

合気道にしても、これは似たようなものである。土台の強化は、膝行等により、ある程度は行われているが、それだけであり、植芝盛平が行ったような百姓技によっての意図的な訓練は為されていない。あれでは女性が幾ら護身用に学んでも美容以上にはとても無理である。「一の力で十の敵を倒す法」（『植芝吉祥丸『合気道入門』前出）とかの猛言があるが、土台創りすらまともに実践しない現在では、一の敵すら倒すのは難しかろうといっておこう。

土台の創出が見事であるとそんなに実力が向上するのかと、信じられない思いの人もいるはずである。これに関しては、歴史上の日本一と私が認めている木村政彦がいみじくも述べている。

この運動によって（筆者註・土台創りのこと）、その後の私の背負投、釣込腰、大腰などは一層鋭い切れ味をみせるようになった。

（『鬼の柔道』講談社）

この鬼といわれた木村は、日本柔道選手権で日本一を十二年にもわたって保持し続けた大傑物である。「私だったらヘーシンクには負けはしなかった」という彼の言を、科学的にも保証する論理的な修錬内容なのであるが、惜しむらくは、彼は自分の過去がどのような上達への論理を把持しているのかを分かってはいなかったので、その後に書いた彼の柔道入門書は凡作に終わっている。彼はもっと、この『鬼の柔道』的な自伝的修錬論を書くべきだったと思う。そのような事実を数多く残しておいてほしかったと思う。だが、すべての武道家に共通する欠陥といってよい論理的に考える頭脳の実力のなさが、自分が行った、或いは得た大切な事実の意義を、まともに上達論レベルで解きえなかった、ということなのである。

だからこそ、自然体云々とほとんどの武道家がその必要性、その根本性を述べながらも、どうしてそれがどのように役に立つのか、役に立てられるのかを、説くことができなかったのである。これらの武道家は、いわゆる大秀才的武道家であり、大秀才の欠点は、自分の過去の苦労をすぐに忘れてしまうことにある。彼等はすっかり土台のことを、つまり自分が武技のための土台を創るのに、どれ程の苦労を積んだのかを忘れているということである。

例えば、昔々（一九六〇年頃まで）は、正座（これは小学生でも二時間くらいの連続はあたりまえ）、うさぎ跳び（数百メートル単位で毎日）、腰の上下（数百回単位で毎日）、格体（何十分単位）といった類いの上に、道場掃除・水汲みがあり、交通機関の未発達が歩くことを強制し、下駄で生活することがまた役に立つという土台創りが無数に存在していた毎日であった。

近頃は、正座どころか下駄までが姿を消し、電車に乗れば立つことを嫌がって坐り、少々の距離でも車で移動するといった体たらくである。それだけに土台は弱くなる一方なのに、その土台の強化訓練は正式の体系の中にはない。だからこそ、信じられないようなニュースが伝えられる。某中学校でうさぎ跳びを実施したら、ほとんどの生徒が足をおかしくした。そこで慌てた教育委員会が、早速うさぎ跳び禁止令を出したとかいう話である。喜劇というべきか、悲劇というべきか、これらは、二、三歩（一日）から徐々に実行すればなんということもないレベルの鍛錬である。この学校ではおそらく、いきなり百メートル以上も行ったのであろう。経験者と未経験者を分けて行うのは、そもそもの常識なのに、バカな教師がいたものである。

何事においても「過ぎたるは猶《ナオ》及ばざるが如し」である。要は、ステップ・バイ・ステップであれば弊害はほとんど生じることはないと指導者は覚えておくべきである。

（4）武道の土台の二義の一義は、土台創出にある

先程も述べたように、土台は武技を支えるためにとても大事である。しかし、武技を支えると一般的にはいうものの、構造に立ち入ると大きく二義に分かれる。一義、つまり、武技を創るための土台と、二義、すなわち、武技を使うための土台とは論理的にも事実的にも異なる。ここを明確に把握できるかどうかが、土台論が有効性を持つかどうかの分かれ目になる。

このように説くと、それは少しおかしい。同じ武技を支えるのに土台が二つも必要なのか、と

の疑問が出てこよう。このような素人的、素朴な考え方は当然あってよい。現在までの武道家はすべてそのような素朴な考え方をしているからである。だから、人間としての立ち方＝土台の借用で終わる人がほとんどだったのである。これは、剣道の過去そのものにその原因を求めることができる。何故なら、剣道はその武技の大半を他人の手になる武器＝竹刀に助けられているから、自身の努力の成果はそれにプラスされたものでしかないからである。

それだけに、土台という意識もさしてなく、ただ闘いの場（試合）で疲れないレベルのものでよかったのだといえる。ところが、武器を持たない柔道（昔は柔術）は、土台がなければ見事な武技は創れないはずのものであるが、これは日本古来の生活様式やその人の柔道をやる前の剣術修業が媒介的に役に立つことになり（ここで誤解してほしくないが、柔道の前身の柔術は剣術の流れから出てきた）、さして困難はなかったのみならず、現実の闘いを行うまでには、長い年月の修業が必要だったので、剣術方式であっても、それ程困ることはなかったのである。

このような数十年前まで存在していた日本独特の生活様式の伝統が、特に土台を意識させなかったばかりか、修錬といえば道場の掃除や薪割りの、数年にも及ぶ初心時代を持つことが必須だっただけに、特に苦労することはなかったのである。日本において剣道主体に武道が発展したことは、一方で極意論を生む基盤ともなったが、反面、構造的レベルの武道論の構築を妨げる原因ともなっている。一例として、武技とは何か、土台とは何かの意識が生じにくかったばかりか、勝負における一番肝要な「間合論」の究明がほとんどなされなかった事実を思い起こせばよい。

何故土台に二義が必要なのか、である。

武技を創る作業を行う場合は、その作業は確かに当初はまともに力を込めないで行うことが肝要であり、そうしなければ、見事な姿形を取ることが不可能に近いからであった。ここまでは、土台は意識しないでよい。これはよく考えてみれば分かるように、現実はそうではない。動いている船の上で何かを行うとか、走っている電車の中で行うとか、忍者ゴッコでテレビがよく用いるトランポリンの上で行うとかすれば、余程、足に意識を集中して、踏んばらないと上体が崩れてしまう。従って、武技が次第に力とスピードがあるものになっていけば、当然にそれに相応した土台が要求されるだけに、丈夫な土台でなければ良い武技は育たない。

こうして、より良い武技の向上がより良い土台を必要とし、より良い土台がより武技を向上させていくという、ラセン状の発展が現われてくる。ここで、土台が弱いままであるならば、武技は当然にそこで停滞する。要するに、武技の創出期においてと同様に武技の発展期においても、自己の武技のレベル以上の土台の丈夫さ・堅固さを絶対的に必要とする。端的には、この期間の土台は固定・不動・安定を最上のものとして要求されるということである。

（5）武道の土台の二義は武技を使う土台の創出にある

だが、武技を使う場面ともなると、また話は一変する。一体、武技は何故創るのかは、すぐに答が出るように、使うためである。武技はそれ自体としては何の役にも立たないものである。

「伝家の宝刀は抜かぬを理想とする」との金言は理想論であって、抜くことができない刀は役に立たないのみならず、錆び付いてしまうことになる。やはり、刀は抜いて斬るためにある。

　この武技（刀）を使うということは、坐っている人間を斬ることではなく、相手も同じようにこちらに対して武技（刀）を使う、そういう条件の下で武技を使う。それだけに、この武技を使うための土台の構造は、武技を創るための土台の構造に比して、大変に複雑なものがある。

　まず、相手に対して構える、相手の側まで動く、相手に武技を出す、相手に武技を当てる、相手に間合を詰められて動く、相手の武技を避ける、相手の武技を受けるといった状態での土台がそれぞれに存在する。これを大きく見るならば、武技を支えながら運び回るということになろう。この場合、何よりも武技は相手の身体へ運ぶのであり、これを度外視しては武技を使うことはありえない。この武技を構えてから相手に運び、そして武技を当てる＝斬る・打つ・投げる・倒す・捩《ネジ》る等の間のすべてに要求される土台の性質を、端的に表現すれば、変化・移動・安定の直接的同一性レベルを必須とする。

　このように見てみると、単に武技を支える土台といっても、武技の創出と使用とによって大きく異なる構造を持つことが分かる。両者は、固定・不動と変化・移動という面で対極的であり、僅かに安定性で共通している。だが、このように見える安定も構造に立ち入れば、当然の違いが出てくる。それは何か。前者の技創出の土台の安定は、固定的・不動的状態としての安定であるが、後者の技使用の土台の安定は変化的・移動的状態に耐えられる安定である。この両者はやはり共通はしていない。構造に立ち入ってみればあまり困難なく理解できる土台の二義を、現在までの武道界は、いとも無造作に一つのものと見、そのように訓練してきたのである。

ここまで来れば、このような土台も単に武技を支えるだけでなく、それも一つの武技、すなわち、土台をも武道の技として創出するものであるとの意義が、少しは呑み込めるであろう。となれば、ここから論理的に進めて土台も武技一般の論理があてはまり、土台を創る、土台を使うと考えるべきである。現在までに自然成長的に創られるだけだった土台は、それが如何にモロいものであるか理解できるであろう。ましてここまで来れば次の文言に思いあたって愕然としよう。

「ああそうか、近頃の武道家が早い年齢で精神も身体も老いる状態となるのは土台の故か。昔は、剣法家といえば五十代でも強かったのに現代は三十代でも若い老人が多い。まして柔道家ときたら、二十代の後半になれば本物の老人レベルだしな。」

端的には、このような惨めな有様にならないための、土台の武技化である。

(6) 武道の土台の創り方を真に学ぶには

では、その土台の武技化について一般的な注意を述べたい。

どの武道の修錬にあっても、その上体の武技を支える土台は大丈夫が原則である。当初から説くように、武道の土台は人間的に成長したそのままであってはならない。武技に見合った形態＝構造が要求されるが、武技をどの高みに設定するかによっても異なる。単に、三分間護身術の遊びならどうでもよいし、健康体操としての拳法なら、それはラジオ体操程度だから、練習しているだけでなんとかなろう。逆に全世界の重量級打倒を目指す柔道であれば、これはもう最高・最強の土台創り、すなわち大相撲における三役レベルの実力を目指さなければならない。

難しいのは剣道と合気道である。これは現象形態としては、あえて必要とは思えないかもしれないが、相手のレベルを上回る土台を持っていれば、テレビ等でよく演じている必殺十人技等のような合気技の見せ物のように、あんなに簡単には武技は決まるものではないし、ましてあのように簡単に相手の身体の崩れが出るものでもない。このような姿形としてその重要性が現われにくい武道は、その重要性を論理的に認識してかからなければならない。

ここでは、一般的なあり方にいう、極意のレベルにまで通用する土台の創り方を説いておきたい。まず、通説的な思考は、ここではきっりと棄ててかからなければならない。通説的とは、先に引用したその道の大家による入門書の説である。これらの見解を一つに纏めると以下のようになる。

武道の自然体とは、清らかな、穢れのない姿勢であり〔小沢 丘〕、心にも身体にも、何のこだわりもなく〔工藤一三〕、体の力を抜いて無心に〔植芝吉祥丸〕立って、遠方（山）を望むが如く〔小沢、工藤〕、何気なく〔工藤〕、楽な〔植芝〕立ち方のことをいう。

　これは要するに、無心に力を抜いて、楽に立てということにある。これらの通説を一言で評すれば、駄見、駄説である。これが典型的な秀才の見本である。人間を菊の花か何かと間違えたり、或いは樫の木と錯覚したり、或いは柳の枝だと思っているとしか思えない説明である。これでは絶対に強くはなれない。確かに上達した人で、入門時にこのような謬見に惑わされた人は数多くいることだろうが、その人は一ヵ月も経たないうちにこれらの論を理想論とか特別な天才のための教義として脇に置くか、棚に上げたはずである。

　何故なら、これらは全く役に立ちようがないからである。そもそも武道においての自然体とは、如何なる定義をこじつけるにせよ、その実体は武技のための土台でしかない。その土台は武技を創るためには固定・不動・安定が要求されることは説いておいた。この場合の固定といい、不動というものは、武技的力強さを抜きにして考えてはならない。

　剣道であれば、何気なく無心に立てば初心者は必ず刀を落として自分の足を斬ってしまいかねず、遠山を望むが如くに見れば、相手は見えないことになろう。これは初心者にはとんでもない邪説といってよい。

　では基本的な土台としての立ち方をどうすればよいのか、である。

　これは、それぞれの武道で自然体とされる土台の立ち方をまず覚えるべきである。こう説くと、「なんだ、自然体がまずいといっておきながら、結局は同じものを教えるだけではないか」との声があろう。「慌てる乞食《コジキ》は貰いが少ない」という諺を思い出してほしい。我々はその道の大家が、口を揃えて「これは極上である」と褒める武技をナンセンスと決め付けることはまずない。武技の姿形に関しては長い歴史の重みに耐えて残っているのだから、そんなに悪いものはほとんど存在しない。まずいのは武技の姿形ではなく、その武技の創り方と使い方である。或いはその姿形の解釈である。

（7）武道の土台は上体技ほどには正確でなくてよい

この自然体そのものも姿形については文句はまずない。姿形一般は正当であり、それでよい。だから、まず自然体を取ってほしい。「一　武技の正しい姿形をまずは覚える」のところの説明と異なるのは、下半身にほとんど最初から、つまり、土台としての姿形を取ったらすぐに力を入れた方がよいということである。理由は二つある。

一つは、土台自体が正確無比レベルでなくてもよい。相手に直接に用いる武技と違って、土台は武技をまともに支えるというレベルで正確であればよい。二、三センチの狂いは別に問題はなく、また姿形さえ正確なら当初から十分に力んでよろしい。

二つは、土台すなわち足腰は手に比べて運動能力が落ちている。これは成長過程で、あまり修錬されなかったためであり、能力そのものの問題ではないだけに、修錬すれば足でも相当に使えることになろう。

それだけに、土台として創り上げるためには、まず力を十分に込めることが大事である。しかし、足の指先にまで力を込めるには相当の月日を必要とする。足の全体に力を込められるように、頑張ることが大事である。この足先に意識を込めることは大変なので、可能ならば下駄を履くとか、落ちている物は足の指で拾うとか、足を使って雑巾で拭くとかすることである。

「二 姿形を身体に覚え込ませる」は、一の連続で十分に果たせよう。ただ、その立ち方を力を込めてなるべく長時間、しかも、動かないで行うことが肝心である。これは、三十分くらいでも初心者にとっては辛いものである。まして、上半身で何もやらず、ただ足に力を込めるだけの修錬は精神的にもなかなか厳しい。上半身は暇なのだからと、何かやることはそれなりに足先への意識の集中を欠くことになる。体力が不足ならば、片足で十分くらいずつ交互に行うことにしてもよい。

これに関して、大相撲の四股《シコ》を踏むことの本来の意義もここにある。ある程度、土台ができあがったなら、時折、四股を踏んでみることである。これもうさぎ跳びと同じように、いきなり回数を多く、ではなく、一日に数回から始めるべきであり、姿形も力も少しずつ大きくすることが大切である。土台は、この連続で十分に武技になる。ほぼ一年程の期間で合格となろう。

3　技の使い方の道——どう学んだらより強くなれるか

武技がある程度できあがったなら、次はその武技の使い方の修錬になる。ここに関しては、空手・拳法や合気・居合以外の分野でなら、どの書物にも詳しく説いてある。これは試合を数多く行ってきた経験からである。試合の中で生まれた武技の使い方である以上、そこには当然のように試合そのものの長所・短所が現象している。

ここではこれだけは正しておきたいという点に、焦点を絞って説きたい。

現在の柔道は、ほとんどの人がただただ強さによる闘い方を行っている。では、ここの何処がどう悪いのか、である。第一に立ち方＝姿勢である。これはもう柔道的では全くない。せめても

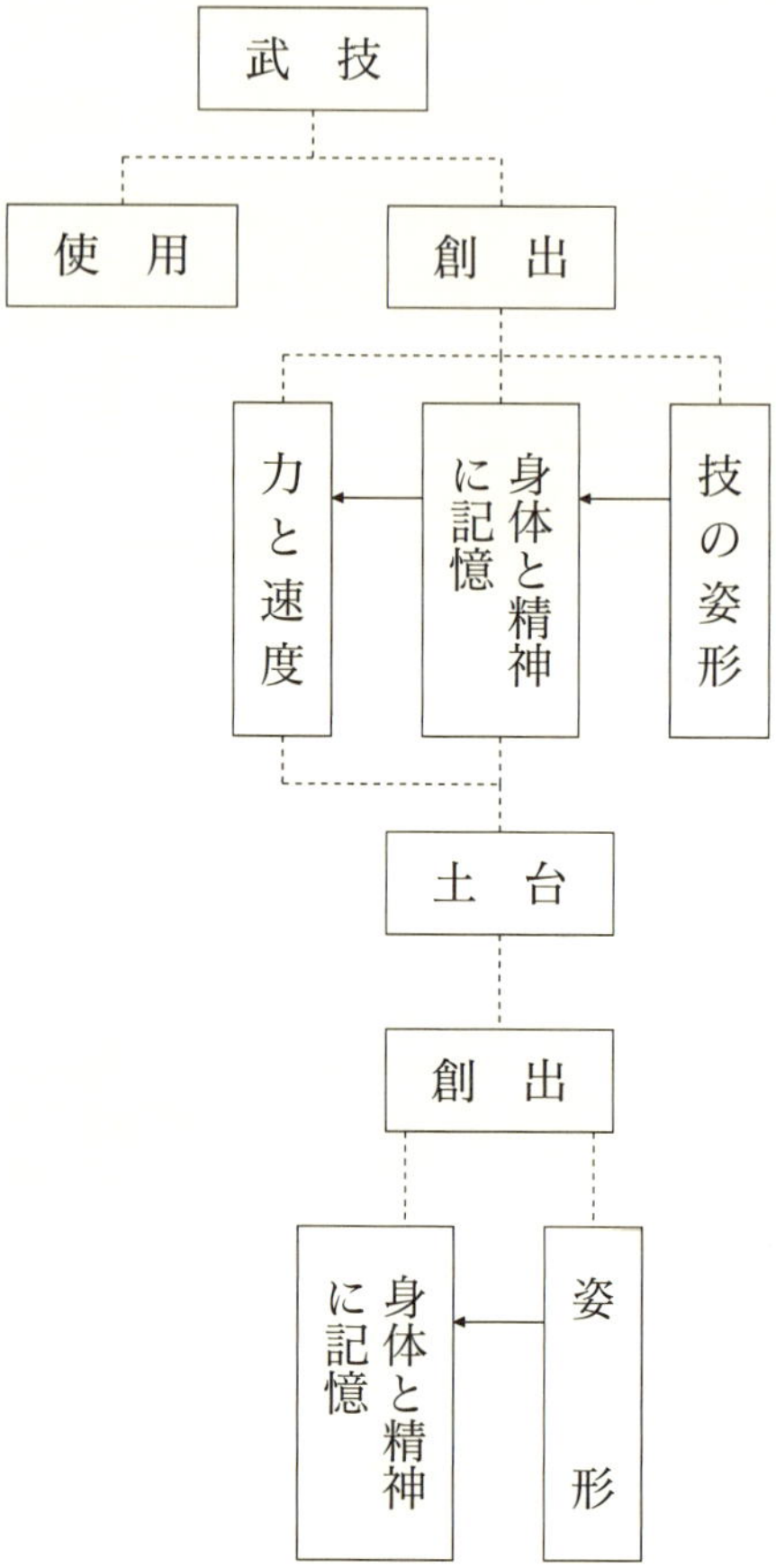

の武技的土台の立派さであってほしい。だが柔道に関わる評論家の誰一人として、姿勢が悪いとは一言もいわない。それだけに姿勢を初めとして闘い方も大して良くはない。それだけでなく、武技の実力も次第に落ちていくのみである。

(一) 現代的柔道の二つの欠陥を説く

柔道は、何故こうなったのであろうか。端的には、論理的に武技とは何かを教えられる指導者がいないからである。武技とはそもそも創出するものであって、それはその人間の認識が媒介されるものであり、その人となりの表現である、ということを知らないままに強くなってしまったからである。柔道の入門書を開けば分かるように、武技の修錬はあっても、武技の創出はほとんどない。各人の好きに任せてある。姿勢は説いてあっても、それは姿勢の使い方であって、決して姿勢の創り方ではない。柔道はまず創り方を学ぶべきである。

そうでないと武道としての自然体を創ることは、余程のことがないかぎり不可能になる。これは、余程とはあまり試合をしないか、或いは巨体であるかである。巨体であると素材的に創り易く、崩れにくい。剣道や空手・拳法に関しても、これは全く同じ論理が通用する。

何故姿勢が正しくなければならないのかの理由は二つある。一つは、人間性＝人格の問題である。そもそも武技はその人間が創るのであるから、悪いものでも良いと許容すれば、その人の人間性が疑われる。悪い姿勢で柔道の試合をする人でも、破れた靴でよれよれのネクタイ、ほころびた背広を着てフォーマルな場所に出ることはない。それは恥であることを知っているからである。柔道はほとんどが人間的な恥を知らない人で構成されている、と思いたくもなる。

それは自らの武技的姿形に関して恥ずかしいとは思わないからである。「人の振り見て、我が振り直せ」の見本がいないだけに、気付きもしないのであろう。それが人間である。

だからこそ逆に姿勢の取り方がそんなに困難でない剣道では、大抵は正しく立っている。もし、あの中に悪く構える選手がいたら、まず審判が注意をするだろうし、それ以前に指導者がそれを許さないはずである。剣道界にはまだまだ誇り高い人が多い。

二つは、あの姿勢は正しい間合も不可であり、余程の隙が生じないかぎり、武技は決められない。これは互いにそうであり、だから逆に、自分の身体の隙に関しても論理的・実体的には全く無関心である。本来なら、五のレベルの武技で勝負を決められるはずのところを、十のレベルの武技をもって初めて相手を倒せるという苦い事実に気付くこともなく、防禦技、防禦立もでたらめという状態になっているのである。

（2）足の武技たる運足＝足進法とは一体何か

随分と柔道界の悪口を並べたが、現象としてはともかくも、事実的には剣道も空手＝拳法もこれは例外ではない。では、そこを克服する修錬は何であろうか。

以下は一般論レベルでの解答である。武技の創り方で、武技論を説いた後、「この武技の正否は土台が決定的な役割を果たしていることに留意すべきである」と、説いておいた。簡単には、武技の創出とともにその武技を支えてその武技を見事に仕上げる土台の創出を並行して行うべきである、ということである。これを踏まえて武技の使い方に進むことになる。まず、図示しよう。

武技 ←—— 土台

ここでは土台の使い方から始めなければならない。理由は、闘う相手と対した時には、まだ「構え」の間合、すなわち、武技はまだ対手に当たらない距離でしかない。すなわちその位置では武技は使えない。そこで武技を持つ自分の身体を相手へ運ぶ必要がある。この修錬は、土台の移動、すなわち〈運足＝足進法〉から始まる。この場合、足はなるべく力を込めて立ち、そしてなるべく力を込めたまま、運ぶことが肝心である。「おかしいな、どの入門書にもそんなことは書いてない」と、不審に思うであろう。その入門書には全く逆の文言がある。

> 体を固くせず、肩を柔らかく落し、両腕の関節をゆるやかにする。左右の両足には平等に力を入れる。左足の踵を少し浮かし、左右両足が自在に、軽妙に動けるようにする。
>
> （小沢 丘『剣道入門』前出）

このような歩み方をするには、どうすればよいか。それにはまず、常に自然体の姿勢を保つこと……つまり、柔道の歩み方というのは、自然体で歩くことをいう……自然体とは、心にも身体にも、何のこだわりもなく、……何気なく立っている要領である。

（工藤一三『柔道読本』前出）

以上は、運足は体を固くせず、何気なく軽妙に動くことが大事である、というのである。我々は力強く、重くと説くのに対し、彼等は力を抜いて軽やかに、である。同じ立ち方を説くのに正反対では、初心者はおろか、指導者すら戸惑ってしまう。

これは一体どちらが正しいのであろうか。もし、ここに武技一般を媒介にして思考できる人がいたら、「これは、もしかしたら、武技を創るというレベルで考えるべきなのではないか。武道の運足といえども、人間技すなわち人間体としての足の運びそのものであってはいけないのではないか」となろう。

まさしくその通りである。大御所の運足は、自然体の運足のいわば極意のレベルを説いているのであり、我々のは自然体の運足は運足であっても、運足の入門のレベルを説いている。一方は出口であり、我々のは入口である。

そもそも武技は人間技（自然に育ってきた日常生活の身体の運び）を武道技にすることから、出立（創造）するのが大原則である。これは土台に関しても同様である。ここを想起できれば、後は単純である。武技を創って、いよいよ武技の使い方の分野に一歩踏み込もうとする時にも、同じ論理（理屈）が働くのだと分かればよい。武技は創っただけでは使いものにはならない。それには一定の手続きを必要とする。「武技を創った、さあ使うぞ！」とはいかない。

現在の武道家は、ここの論理を否定するか、等閑視しているだけに、彼等は姿形＝武技という論理を後生大事に抱え込んでいる。上達した現在のレベルを、初心者に押し付けているのである。秀才は自分が初心者だった頃を是非に想い出すべきである。かつての自分がどれ程泣き、どれ程苦しみ、どれ程工夫し、どれ程努力したかを、である。

だが、である。人間とはまことに楽天的なもので、大秀才の泣きの涙の過去は、甘美な想い出として楽しくは思えても、そんなに辛かったとは感じなくなっているのである。ほんの少しの工夫で通過したような、気分になっている。しかもその工夫が実際は努力の積み重ねの結果の工夫なのに、工夫したことがすぐ役に立ったような、錯覚さえ持っている。

この自然体にしても大秀才だって、初心者の時は力を抜いて軽やかに立ったわけでもなければ、立てたわけでもない。どんなに力を抜けと諭されても、十分以上の力を込めて立っていたはずなのである。そうでなければ、まともに立つことも不可能であり、加えて木刀さえまともに持てないからである。そんな力強さの期間を長く持ってようやく、力を込めなくても十分に立てるようになっただけである。

上達した後の軽やかさは、これは主観つまり頭脳活動たる観念の中の出来事であり、決して客観的実体ではない。当人は軽やかに立っているつもりでも、それは単にそう思っているだけであり、当人の身体はしっかりと床に根を下ろして力強く立てている。これこそが土台（立ち方）の武技化ということであり、これでこそ武技なのである。本当に力を抜いているならば、少し触れただけで倒れるはずであるが、彼等は初心者の力を込めた立ち方より、ものすごく丈夫に立てている。主観とか現象のみで事実を判断すると、このような誤謬に落ち込むことになる。

（3）武技の軽やかさは大敵と心得るべし

ここまで来れば、一体何が正しいかは分かるであろう。武技の使い方は武技を創っただけでは駄目であり、そこには一定の手続きが必要である。どのような手続きが必要だろうか。端的には、「武技の使い方を技化する」ことである。変な言葉だと思う人もいるだろう。確かに変な使い方だが、言葉を換えれば、武技を創る時は使うべき武技の最高の姿形を一つ取り出して徹底して創り上げるべきである。この武技ができあがると、次は闘う相手に対応できるように修錬することが大事である。闘いの場合、相手に武技がしっかり当たるところまでその武技を運ぶ必要がある。そして相手にその武技を打つ、当てる、掛ける前に相手をしっかりと捉えにかかる、つまり攻撃技が効力を発揮できる位置を占める（有効間合に入る）ことが大事である。

だから、武技の使い方の第一歩は、武技を把持している身体を相手の場所まで運ぶ修錬から始まる。この場合、教科書とは違って、我々の説く武道的自然体の構《カマエ》で、力強く、それもこの上もなく力強く立ち、そして足を運ぶ修錬である。これは足の底が痛くなるレベルで大地を足で踏みしめながらである。この場合軽やかさは大敵である。柔道や相撲の大男は巨体そのものが力強さを培ってくれる面があるが、身体の小さい人は巨体よりも、より力を込め続けなければならない。

ここの過程を、柔道は少しも修錬していない。それで、ほとんどの人は姿勢が悪くなっていったのである。つまり、悪い姿勢を取らなければ対手を投げられないし、また対手に倒されてしまうからである。これはそれだけ土台が弱体で、足の運びが貧弱であったということの証明である。

（4）人間体と武道体の二重構造とは

柔道が世界的になったと手を叩いて喜ぶ前に、為すべきは人間性の確立であり、人間として恥ずかしくない武道の世界の文化的創造である。武道家は、少なくとも道という言葉を使うからには、その人の道に恥ずかしくない武技を創出し使用すべきである。要するに、大秀才が説く自然体は、決して字義通りの軽やかに自然に立っている身体ではなく、あくまでも人間体ではなく武道体の自然であるべき、である。

武道体が仮に人間の自然の立ち方と同じようであっても、それは偶然に一致しただけであり、決して同じものでないことは、相撲の例を考えれば十分に分かることである。その姿勢は武技が決定するのであり、初めから自然体があったわけではない。だから、姿形の同似性から内容の同似性を思うべきでなく、あくまでも武技一般を媒介にして、自らの実体を判断すべきだということとである。大秀才は自然体を存在するものとしてしまっただけに、現実には役に立たず、自分のレベルで勝手な自然体を創造してしまい、それが守りを主体とした認識の構造の下に創られてしまったからこそ、崩れ自護体として現出せざるをえなかった、ということである。

さて、こうして土台＝自然体を運ぶ修錬に入ったら、それと並行して武技を使う修錬が為されなければならない。先程説いたように、武技の使い方を技化する過程が大事である。具体的な姿形は入門書にも説いてある形式でよい。問題はそこではなく、その形式の手続きである。

例えば先の工藤一三は、次のように説く。

修練の心得

○組み方は、左・右いずれも正しく組み、腕には力を入れない。

○心も身体も、ともに堅くならないこと。リラックスは柔道にも通用する。

○できるかぎり多くの技を習い、……数多く身に付けること。

○相手を数多く変えて修練すること。

○同輩・互格の相手とは、力一杯思い切った修練をすること。

（『柔道読本』前出）

端的にいって、これらはすべて誤りである。武技の使い方を技化するには、その武技の使われる姿形の全体の軌跡にしっかりと意識を集中し、かつ、次第に力を込めてかかることが必要である。これは全力を集中することが大事である。リラックス等とんでもなく、精神も身体もともに緊張して、自分の使おうとする武技の姿形がはたして正確かどうか、力が抜けていないかどうかに気を配りながら、一分の隙も出さないように行うべきである。互いの実力に見合うような動き方をする必要があるだけに、大事なことは、互いに武技を十分に使う姿形になるように協力し合うことである。

指導者はここを納得させ、徹底させることが肝要である。ここを上手に通過＝突破させることが、見事な武技の完成につながることを忘れるべきではない。いわゆる姿形だけの名人は、ここを上手に突破できなかったのである。つまり、武技を創るところまではうまくいったが、使い方を武技レベルに為しえなかった、武技化しえなかったということである。真に武道として学ぼうとする場合の居合道、弓道の欠陥がここにあることを指摘しておきたい。

この修錬は、相手がこちらの意に添う力の入れ方をしなくても済むレベルまで、それこそ繰り返し、繰り返し必死になって全力を挙げて、決してリラックス等しないで修錬を遂行することである。この修錬が終わりに近付く頃、「好きに闘う」修錬試合、柔道でのいわゆる「乱取り」に移ってよい。

それだけに、数多くの武技を覚える等馬鹿げたことであり、特に役に立つ武技を中心にどれか一つずつ数個選んで徹底してマスターすべきである。まして、数多く相手を変えては、折角の姿形が台無しになってしまうだけに、ごく少数を相手にすることである。

但し、それぞれの武技によっては相手を変えてもよい。力一杯の思いきった修錬は、相手の協力があってこそ初めて可能であり、この間は絶対に武技の姿形を崩さないとの覚悟が必要である。ここで守らなければならないことは、この武技の使い方を武技化する段階は勿論、武技の使い方一般に入った場合（剣道では互格稽古、柔道では乱取り、空手＝拳法では自由組手＝同格組手）でも、というよりその修錬が増える分だけ余計に、武技の創り方と内容的には同一の修錬＝武技を補正・整える修錬をしっかりと行うべきである。

ここで以下に、我が流派の上達論を「詩」にしたものを紹介しておこう。

これは、何十年もの修錬の歴史性を踏まえたものであり、他流派の諸氏にも十分な資料になると、信じるからである。一般論として、「一～四」、「五～八」、「九～一二」、「一三～一六」、「一七～二〇」、「二一～二四」が上達の順序となっている。また「一～四」は闘いの場の一般論でもある。

原作詩は横田　弘・藤川雅志であり、南郷継正が補作している。

『玄和の血潮』

一
桜の花か　雪の花
岩に砕ける　波の花
寄せ来る波を　打ち砕き
玄和の闘魂　世に誇れ

二
大なる玄和を　担い立つ
我らが胸に　闘志満ち
熱き血潮が　燃ゆる時
薔薇《イバラ》も崖も　何せんぞ

三
いざ戦いの　場となれば
眼光鋭く　構え立ち
怒濤の突込み　飛燕蹴
一撃必倒　玄和魂

四
臥薪嘗胆《ガシンショウタン》　幾星霜
ああ艱難《カンナン》の　成果見よ
心血込めし　蹴が飛び
千万鍛えし　突唸る

五
桜の花か　雪の花
岩に砕ける　波の花
寄せ来る波を　打ち砕き
玄和の時代　幕開けよ

六
旧き空手と　別れ告げ
雄々しく進む　つわものよ
新たな時代を　築くこそ
玄和勇者の　誉なれ

七
やがて来たらん　新しき
玄和時代の　幕開きを
胸に描きつ　荒稽古
思わず気迫の　こもりけり

八
時代の旗手は　我なりと
今宵も運足　磨く坂
遥かに霞む　三日月に
「七難八苦」を　誓いたり

九
桜の花か　雪の花
岩に砕ける　波の花
寄せ来る波を　打ち砕き
玄和の大道　進むべし

一〇
汗に塗《マミ》れし　我が道着
白帯締めし　その日から
心に青雲　仰ぎ見て
辛い修業も　耐えきたり

一一
黒帯締めし　夢見たる
茶帯時代の　想い出は
巻藁突きし　拳の胼胝《タコ》
前蹴受けし　腕の痣《アザ》

一二
茶帯といえど　その胸は
滾《タギ》る闘志の　玄和魂
勇猛果敢に　攻め立てし
飛燕攻法　誇りたり

一三
桜の花か　雪の花
岩に砕ける　波の花
寄せ来る波を　打ち砕き
玄和の風雲　起こすべし

一四
黒帯締めし　荒き鷹
苦難の修業ぞ　得意技
心は逸《ハヤ》る　戦いへ
闘魂熱く　胸焦がす

一五
疾風《ハヤテ》の如く　翔《カ》け廻《メグ》る
猛襲攻法　地獄道
雄叫び高く　剛の意気
斃《タオ》れて後止む　技見せん

一六
抜塞《バッサイ》、王冠《ワンカン》、公相君《コウショウクン》
演じ来たりし　武の世界
闘魂顕《アラワ》に　荒き鷹
滴る汗も　意気高し

一七
桜の花か　雪の花
岩に砕ける　波の花
寄せ来る波を　打ち砕き
玄和の勇者　華と咲け

一八
一度立てば　猛き鷹
燃ゆる玄和の　血潮もて
薩摩《サツマ》示現《ジゲン》の　再来と
嵐技《ランギ》攻法　熾烈《シレツ》たり

一九

古来戦史に　見る如く
闘う魂こそ　誇りなれ
勇者の風貌《フウボウ》　陽に映えて
駆使する技も　至芸なる

二〇

玄和の大旗　翻《ヒルガエ》り
闘魂　炎と燃えさかる
関羽張飛も　かくなるか
我がますらをの　戦いは

二一

桜の花か　雪の花
岩に砕ける　波の花
寄せ来る波を　打ち砕き
玄和の歴史　築くべし

二二

立ち振り向けば　永き道
遠く遥けく　来しものと
今断崖に　花賞《メ》でん
闘魂秘めし　ますらをは

二三

我らが歩みは　人類の
そのまともなる　大道を
歴史と踏まえ　突き進む
永遠の栄光　目指しつつ

二四

千載青史に　残さんと
人生意気に　感じなば
大志を抱き　炎《ヒ》と燃えて
新たな歴史へ　飛翔せよ

棒術との闘嵐組手

第五章　特別編・上達への道——達人を志す諸君に

1　生命の歴史を踏まえることで可能となった達人への上達の過程

昔も昔、一九七二年初頭に、武道の世界における理論書として初めて出版された『武道の理論』（前出）に、次のような中身を説いておいたことである。

昔日の天才にしか到達できなかった、そして、その天才すらがどういう道を辿ったのかを明示しえなかった武道の、そして勝負の極意の境地へ、凡人すらが、正当なる努力を積み重ねさえすれば、到達できるようにその道程を明らかにしえたということである。『悟り』の境地を、武芸者が悟りに至る道程を、明確に明示できるようになったということである。

これが長年の努力の故をもって、私が果たした仕事なのである。

これは端的には、現在の我々は武道空手の修錬の成果として達人までの上達の過程が単に理論的に説けるのみならず、現実的に可能である、として上梓した書であった。とはいってもこの当時は、これは男性の一般性として説いた（説けた）ことであった。だが、あれから四十年以上経た現在では、このことが女性であっても可能な現実を迎えてきている。

ともかく四十年前の頃の女性では、武道として男性とまともに闘えると思うのは、無謀ともいえる程のものであった。つまり、男性を打ちのめす、倒しきるというのは、マンガの世界、アニメの世界、テレビの世界、映画の世界の出来事でしかなかっただけに、あれから四十年の月日を経た現在、大学空手部の強者たる男性を簡単に倒せる女性の出現を目のあたりにする現実、すなわち『武道の理論』の中身がそのまま、現代女性にもあてはまる事実を見て取れるようになっているだけに、なんとも感慨深いものがある。

加えるにこれは、『看護のための「いのちの歴史」の物語』（本田克也他著、現代社）の実態を歴史を遡って論理として追及すべく実際に実験・実践してきての結果、でもあるだけに、学問の効用というか、学的理論の修錬方法への適用というものの凄みを、我が事ながら見事に思い知らされたものである。

ここは簡単には、同書の内実＝実態ある生命の発展形態の歴史たる生命現象態の誕生から単細胞体としての発展へ、同じく単細胞体誕生からクラゲ体への発展、そして同様にクラゲ体から魚類体へ、魚類体から両生類体へ、両生類体から哺乳類体へ、哺乳類体からサル類体へ、サル類体から人類体への発展とその「いのちの歴史」の無限的弁証法性の構造、すなわち生命現象から生命体完成までの生生・生成発展性を現実の武道の上達に適用した数十年であったからである。

ここで、念のための一筆を付加しておけば、『看護のための「いのちの歴史」の物語』の出版当時は、我々の大発見となった「爬虫類の進化の誤謬」を説いてもなんらの反響もなかったが、あれから十年近く経った現在、中学校の教科書では爬虫類は進化の本流から外されて、我々の「いのちの歴史」の説く通りとなっていることである。傍論はさて置き、我々の武道修錬の展開は以上の如くであった。

そのきっかけは、剣道とか柔道とかの世界に比して、どうして武道空手の世界の人は大した強さにならないのか、つまり、柔道とか剣道等は武道空手と違って、何年にもわたって上達していくのに、武道空手の世界だけは、大学生が世界最高レベルであるのに不思議な思いがあったからである。これは現在に到るも同様であるが……。すなわち、武道空手界には素人と玄人の差が、あまりにもなさ過ぎるという現実である。野球の世界は当然、将棋や囲碁の世界はその落差というか、格差というか、天と地程にも実力が離れている。だが武道空手の世界は大学生の実力が最高位みたいなものである。

ここをどう変えていくか、変えていけるのかが、すなわち、素人空手とは大きく離れた（雲泥の差を把持可能な）武道空手の実力者をどうすれば育てられるのか、が指導者になっての最大の難事な課題であった。

この難問が実体的かつ実態的に解けるには壮大な実験、実践を必要としたが、その最初の解答が『武道の理論』の出版だったといってよい。それらの二十年にも及ぶ実験、実践で分かってきたことの具体的な実例を少しばかり理論的、構造的に説いておきたい。

2　闘いの場で「たたらを踏む」ことの致命的欠陥とは

例えば、武道空手同士で闘うある場面で、たたらを踏んでいる修錬生が強者の中にすら随分といたことである。このたたらを踏むことのその一点がなんとも見事な強さとならない理由の一つである、とは誰にも理解されないままに、百年以上もの月日が日本の空手界では流れていったのである。何故、たたらを踏んではまずいのかは、そのこと自体が身体と精神の隙そのものだからである。

この「たたらを踏む」とは、一撃的に攻撃をすれば、必勝となる場面で、〇・一秒レベル以上の身体の余分な動作を為すことをいう。「たたら」の本来の意味は「足で踏んで空気を吹き込む大型のふいご」のことであるが、転じて、「勢いのあまり、から足を踏む」から来た武道用語である。よって以上の意味として用いてある。

この精神と身体に関わっての、すなわち武道の闘いに関わっての「隙」については、極意書に諸々説かれているが、そのどれもが大したことがないか、或いは的はずれそのものである。

そもそも、武道の闘いに関わっての「隙」というのは、闘う場面で闘う武技を用いるのに必要なことを素朴に実行すればいいのに、どうしてもその闘う場面の肝心なところで、無駄な身体的動作や精神的活動（諸々のココロの動き）を為してしまう、すなわち、関係のない他のことに身心をなんとも無駄に（自分としては有意義だとして）働かせてしまう、ことである。これこそを、武道における「隙」と称するのである。

簡単には、闘う動作の必要性にマイナスのことをやってはならないということである。それさえなければ、まず負けることはないからである。

すなわち以上を一言で論理化すれば、「闘うことに必須なことをまともに行えば負けることはない」ということである。勿論これは強者同士が闘う場合であるのは当然である。何故なら強者が弱者と闘えば、余程馬鹿げたことを行わないかぎりまず負けることはないのだから。それだけに格言に曰く、「油断大敵」とある。元々の意味は日常生活レベルでの注意であったものが、闘いにも、戦争にも、国家の政治にまでも、用いられるようになった大格言である。

精神の場合を少し説けば、相手の立ち方に注意を払わないで構えれば、これも「油断」の一つ、すなわち「隙」を見出す機会を自らが一つなくすことであり、相手の動きに無意識で行動すれば、これも油断すなわち「隙」となっていく、というように、闘いの場面での隙の一つは「油断」でもあるのである。

身体の場合で説けば、「立ち方」「構え方」一つが大きな「隙」となって、相手に大きく利益を与えることにもなっていくものである。立ち方で説けば、前屈立が大切だと教わったとして、武技を使う立ち方の前屈立をしなければならないのに、武技を創る前屈立では、相手にこちらの「隙」を曝《サラ》け出したことになる。すなわち、武技を創る立ち方では、前蹴を用いる時に〇・二秒程度遅くなって、負けてしまうという身体時間の「隙」となるからである。

以上、端的には武道空手における「隙」に精神の「隙」と身体の「隙」との二重構造が存在していることを初級者は、まずもって記憶しておかなければならないのである。これは勿論、修錬途上者の場合であるだけに、達人は逆にこの「隙」をワザと相手に見えるように出して、逆に相手の「隙」を誘うことにもなっていく……との重層構造が、当然ながら存在しているのは説くまでもない。

3　自分の強さを発揮して勝ち続けていくと実力が落ちていく

さて、ではこの「隙」なるものから少し離れて、上達の方法を論じていこう。

相撲でも柔道でも強者が弱者と闘う時に、大事なことは自分の強さを発揮して勝つということを、まず当初は行わないようにしていくことである。すなわちあくまでも相手の姿形に合わせ、かつ、相手の実力に合わせる努力をして、互角に闘い続けることを実行しなければならない。

例えば参段位の人が初段位と闘う場面では、自分を相手よりほんの少し弱い状態にして、それでも負けないように懸命に努力することが、達人になるための最も凄い、かつ実力が向上する修錬なのだということにある。これは加えて、三十代、四十代になっても実力が落ちていくことがなくなる身心的修錬なのである。すなわち、参段位より少し低い技を使って相手の実力に合わせながら負けないようにまともに相手と闘い続けるというのが大事である。それは何故か。

諸君には信じられないであろうが、参段位は初段位と実力のままに闘ったとすると、結果として参段位の実力が保持できるどころか次第に実力が落ちていくことになるからである。つまり参段位の武技を弐段半や弐段位の武技として使っても勝ててしまうからである。端的には参段位の武技を参段位レベルで使うことができなくなっていくからである。これが『なんごうつぐまさが説く看護学科・心理学科学生への〝夢〟講義』（現代社）で説いていた井上康生、高橋尚子、福原愛の修業結果なのである。

勘違いしないでほしいが、これは上達してしまった後の話ではなく、十代から二十代半ばに到る上達への道の話である。それ故参段位は、相手の初段位なり弐段位のレベルに下ろして、闘うことが大事である。例えば片足を一メートルの紐で縛って動かないようにするとか、右手を縛って使えないようにするとか、等々である。将棋では飛車角落ちや、囲碁の四目置きとかである。ここを必死の努力で負けないことである。武道空手も柔道も、こういう「闘いを本物にするための自己との闘い」すなわち、武技と武道体力を絶対に培いながら、その実態力を落とさないような修錬を、何年間にもわたって実践しなければ本物の強さには、すなわち達人レベルの強さには、どうにもなれないのである。

この方法で強くなったのが、かつての大横綱大鵬の修錬の仕方であった。

まず場所前では武道空手でいうと白帯レベルから修錬をして徐々に相手を上げていき、本番近くになってようやく同等の相手と修錬するようにしていく。これが我々の説く白帯からの繰り返しの修錬ということである。ここを大事にして、日々の実践を行わないから武技が落ちていくことになるのであり、そういうことである。

4　勝つ（倒す）練習ばかり繰り返すと身体の構造が歪んでいく

もっと具体性を持って説いてみよう。端的には、剣道は当てることばかり行っているが、筆者の刀法の師匠であった昔々大家と称された方は、これを「パチンコ剣道」と恥じ入りながら評されていたものである。いきなり当てることを行うとどうなるか、である。これでは斬る修錬がどこにも存在しなくなる。まあ、剣道はどうでもよいので止めるが、現在の柔道家が実践しなければならないことは、なんともスローモーションといえるレベルの投技の姿形で相手を投げる練習と、どうにもスローモーションでしかない姿形で相手に投げられる練習を繰り返す実践を、必死の努力で何年間も行わなければならないということである。

何故かといえば、今の柔道というのは武技の掛け合いを行う時に、互いが負けないような修錬のみを真剣に行ってしまっている。すなわち互いに見事な姿形で相手を投げることができないままで、なんとか倒す練習ばかりを行ってしまっている。そうなると身体の動き（働き）が、そこで進化が止まるような、そんな身体の構造に創られてしまうものである。

従って本来の背負い投げの修錬的実践を自らの身体の姿形と実力に見合うように、きちんと行う背負い投げならまともな達人レベルの武技に育っていくものの、それを百本のうち数本も本物の姿形とはなっていない御仁の背負い投げというものは、自らの身体の構造がその度に歪められた、歪められるようになっていく背負い投げの身体的、精神的構造としてのみできあがることになっていく。加えて脳の遺伝子の構造も身体の遺伝子の構造も、その歪んだままでそこで止まってしまうことになろう。

これが例えば担ぎ上げて止まったとすると、担ぎ上げる手前までの遺伝子の構造しか本物とはならず、全体としては歪んだ遺伝子の重層になるのみ、なのである。従ってそこから先は脳（細胞）にとっての背負い投げの本物の姿体は大いなる未知の世界になる（これは比喩《ヒユ》であるが）。

これが遺伝子の重層構造も中途半端になる中身である。例えば、担ぎ上げに失敗していくと、そこまでの遺伝子すなわち、実力十分の者と対戦すれば、必ず敗北の構造となり、これが苦手な相手になる。それだけではない。相手の身長、体重、体格は諸々である。一・九メートルもいれば、一・七メートルもいる。ここで例えば一・七メートルの人しか投げたことがなければその姿形は一・九メートルの人にはまずは通用しない。大事なことは、自己の本物の身体に見合う姿形での繰り返しの上の繰り返しの武技化が第一であって、これは端的には、背負い投げの構造というものを遺伝子の重層構造化として創り上げなければならないということでもある。

すなわち、背負い投げの姿形を繰り返して、背負い投げのリズム（姿形の刻々的過程）と姿形の全体的過程を自分の身体のリズムとして、遺伝子に見事なまでに植え付けるべく努力しなければならない、ということである。これによって遺伝子の重層構造が見事にできあがることになっていくのである。それを実践せずに、弱い相手を何百回投げても相手は体重も軽い、踏ん張りもできないから、いうなれば偽せ物の背負い投げを覚えてしまうことになるのである。ここを一人修錬ながらも、見事にやり終えて、本物の名人になっていったのが、私の尊敬する一人である木村政彦、その人である。

『鬼の柔道』（前出）には事実レベルでしか説いていないので、通常の柔道家には、その裏に潜んでいる重大な論理構造は逆立ちしても分からないだろうが、この本には、柔道の達人への道が、幾つか説いてあるのだ、と述べておく。具体を少し挙げれば、ウサギ跳びとか、立ち木を使っての技を掛ける修錬である。あれを木村政彦が書いた文字だけで読むとなると、なんにも学べはしないのである。

例えばこれは、武道空手で説けば煉瓦を割ることによって拳を鍛えた人がその拳で板を割るのならよいけれども、板を割ることによってのみ拳を鍛えた人が煉瓦を割ろうとすると大変な目に合うのと同じ理屈である。

すなわち弱い相手に対しての武技として上達した姿形は強者にはまずは決まらないということ

になる。それ故自分の実力以上の相手に対しては歪んだ姿形、歪んだ体力の入れ方、使い方をどうしても覚えてしまっていき、結果、どうしようもないことになるだけである。そういうことの何十年もの繰り返しが、今の柔道の修錬体系である（とは誰も分かっていないのである）。

少し具体的には本当は相手に武技を仕掛けて相手が踏ん張ったのをはねのけながら投げ飛ばすという姿形こそが、本当の背負い投げの練習的姿形なのに、初めから取っ組み合い的修錬でもって投げられないように互いに構えるだけに、かつそれをそのまま無理矢理に投げようとしては、歪んだ姿形になってしまうのみである。従って、正しい箇所ではなく変な箇所で力を込めたり、変な箇所で力を抜いてしまうような、ぎくしゃくした背負い投げを覚えてしまっているのである。結局そういう姿形で覚えた柔道の背負い投げの名人は、遂にはあっさりと身体を壊すことになってしまい、惨めな人生の晩年を迎えるのみである。

これは、武道空手ならばそんな姿形の闘いを行っても、まだ良い。武道空手は武技が決まらないといっても、（皮肉で説けば）いうなれば単なる手や足の伸ばし合い、叩き合いの強化に過ぎないからである。しかし柔道の武技は武道空手の素手レベルでの拳同士の本物の突技・叩き合い技というレベルになるから大怪我をしかねないということである。だから武道空手の闘いは遊んでやっても大したことではないが、柔道はこのような遊びを行ってしまうと、本当の強さが身に付かないばかりか、身体を壊して三十歳の若さで引退という、阿呆みたいなことになるのである。

5　スローモーション的動きでの修錬で培われるものとは

以上、本当の修錬には武技がゆっくりと確実に決まる姿形でなんともスローモーション的な武技の経過・過程をまずしっかりと覚えなければならない、と説いてきた。これは頭の天辺から爪先まで、全部の皮膚、全部の筋肉、全部の骨、全部の神経に内臓の働きを絡ませた全細胞の遺伝子の構造を修錬させることであり、それが遺伝子の重層構造になっていくように修錬することなのである。

武道空手の闘いでスローモーション的動きができない人がいるが、これは、何処か途中で力が込められたり、途中で力が抜けたり、そういったことが起きるということである。だがスローモーション的動きでは初めから終わりまで、相手がどういう姿形に動いていっても、攻撃武技を仕掛けてから終わるまでスローモーション的動きにすることによって、相手の如何なる動きにも対応した本当の武技ができあがってくるように修錬することである。

しかしここを初めから全力で行ってしまうと、これは滅茶苦茶になるのみ、である。これでは武技を駆使するすべての動きが創出していく武技的な神経を通しての動きにはならないからである。これは例えば書道を初めて練習するのと同じことである。筆を持って書道を習う場合は、初めは姿形を整えるために力をしっかり抜いて行わなければならない。その後に、筆の使い方を覚えて初めてはねたり力を込めたりということを覚えさせなければならない。同様に武道空手の突っ込みも初めから終わりまで、その姿形はすべて、筋肉の動きは人間体のではなく、武道体に育てるべき神経を通しての手の動かし方、足の動かし方でなければならない。

このようにして、武道体的神経が武道体的筋肉を使っていくのだということを身体に（脳に、神経に）覚え込ませなければならない。そうではなく、人間体の使い方、人間体的神経の使い方のままで武道空手の力強さを覚えていくとなると、筋肉の動き、骨の動きの何処かには力が込もるけれども、別の何処かには力が込もらないということを、武道体に育っていく身体が怖いことに覚えてしまうことになろう。

ところが、である。例えば強烈な突っ込み技を初心者に行わせてみればすぐに分かるように、自分の身体が一番動き易いように、かつ、自分流の力が込められるように行うはずである。例えば手が一番動き易ければ、そういう筋肉の動かし方で武技の姿形を歪めながら創ってしまう。突技の修錬も同じことである。結果として何年修錬しても本当に役に立つ突技の姿形の何割かにしか到達できない、ということになる。

この修錬は如何なる形容でもスローモーション的動きとして可能とならなければならない。ここで大事なことはそれだけではない。例えば突技をゆっくり行って相手に突っ込むと、途中で相手がどんな風にそれを見て、どのように動くかということも互いに覚えられるようになってくる。相手の動きが見えてくるようになるからこそ、途中で相手の動きに対応したりすることができるようになる。この場面をスローモーション的動きの修錬として行わないでいるからこそ、対戦相手の得意、不得意が生じてしまうのである。

武道空手の上達というのは、いうなれば、人間の身体を使って武技の姿形を自分の身体のまともな日常レベルの動きとして覚えきることと、武道空手体を使って武道空手の武技を覚えることと、武道空手体ができあがりつつ突っ込み技を覚えて、その上で、武道空手の武技を使うという四重構造があることを覚悟して行わなければ、達人になるのは、程遠いものとなろう。

従って武道空手にしても柔道にしても、相撲にしても、その武技の修錬は人間体を使っていては本当に駄目になる。だが、仮に人間体を使おうとしても駄目なものがある。野球がそうである。何故ならば、ボールの握り方もバットの振り方も、人間体を使おうとしても全く役に立たない、上達しないからである。怖いのは、合気道・柔道・相撲なのである。これは当初は人間体が役に立つ場面が大きくある。体重が重ければ、体力があれば、気力があれば、当初はそれなりに大きく役に立つからである。野球は体重があっても見事に投げられるとは限らない。すなわち野球は全く異質の力が必要であるから、人間体で行う人はまず、いないのである。

すなわち人間体としては何も上達できないから、特に意識しないままに人間体のままでやっても少しもおかしくはならない。けれども、逆に人間体ができあがった後では、もうできないということになる。だからプロの選手になるには小学生や中学生から始めなければならないといわれているのである。ピアノやクラシックバレエはこの最たるものである。遅くとも三歳頃から始めなければダメだということになっているはずである。ピアノ等は仮に小学生から始めると人間の身体ができた分、それが邪魔をするので、結局は場末でのピアノ弾きか、学校の音楽教師にしかなれない、ことにもなりかねないのである。

さて、少し修錬が進むと、例えば相手の突技を受けたとして、それが本当の闘いであったとすると、それが仮に受けられて反撃できたとしても、スローモーション的動きではそれが勝てなくなる場面がある。何故ならば、相手の技がスローモーション的動きとして来た場合と、本当の闘いとは大きく違うからである。本当の闘いでは相手が力を抜いた時と、こちらの力が込められた時とがうまく合致したからこそ受けることが可能になったに過ぎない。そうでなければ跳ね飛ばされてしまっているはずだからである。従って、本当の闘いでの場合は本当に武技を上手に用いたかどうか分からないということになる。

故にそうでない相手と闘いを行ったとすると、これ以上、手も足も出ないということになる。ところがスローモーション的動きでやると横幅体力として身体全部に力が込められているから、どんな風に使うか、ということは、それをスピードを込めて修錬したものへの使い方となるわけである。だからこそスローモーション的動きで修錬させればよいというのは、以上のことなのである。

本当に上達した人は闘いの修錬をそのようにしてやってきたはずである。本当は強い黒帯相手に闘いを行ってもあまり意味はないのである。闘いで怖いのは本当は何も知らない白帯であり、次に緑帯である。何故なら、白帯は武道空手の武技ではなく、人間体を使うものであり、いうなれば喧嘩そのものであるから。その喧嘩技に武道空手の武技として対応しなければならないから、これは大変に難しい。この恐ろしさは行った者でしか分からない。つまり勝つことは簡単にできても、相手の手や足に対しては武道空手の自らの武技はほとんど使えない、使わないままに相手を倒してしまいかねないからである。これは弁証法の学びと全く同じなのであるが……。

スローモーション的動きのもう一つの利点は、相手の武技の使用過程の移り変わりの姿形をほとんどその場で、かつ自分の眼力で見ることができるということである。柔道の修錬で相手に武技を掛けさせて、相手がスローモーション的動きで武技を掛けようとすると、何処に力が込められ、何処で力が抜けるかという箇所の流れが少しずつ分かってくるようになる。そうなると、次はその流れに見合っての自分の武技の使い方がそれに合うように使えるようになる。

こうやってしっかりと相手の見事さに従う形で投げられる実戦的実践を行っていくと、そういう修錬を行った後の柔道の試合の武技は、相手が武技を掛けようとしてそれを止める場面がなんとも見事に見えてくることになる。従って、その瞬間に相手に得意技を逆掛けして投げ飛ばすという修錬を目標と為すことすらが可能となる。

だが、である。これを何故、天下一の井上康生は行わなかったのか、である。だから、井上康生は相手が武技を仕掛けようとして武技を掛けかけて、それを止めた瞬間に相手に踏み込んで相手を投げ飛ばすという必殺武技が完成していないのであり、どうにもそこを行うことができなかったのであった。勿論これは、武道空手の世界にもまだほとんどといってよいくらい存在していない、かもしれない。しかし、である。本当はこの修錬こそが大事なのである。

この必殺の構造が、いわゆる「机　龍之助」の必殺技たる「音無しの構《カマエ》」だったのである。そして、これがまた、「蟬しぐれ」の扇子の必殺技の構造だったのであり、現代では、三船十段の「隅落《スミオ》とし」の過程的構造であり、植芝盛平の必殺投技の過程的構造だったのであると、諸君は分かるべきなのである。

昔々の武道空手は初段位の時、闘いの修錬では、突技で全力で突っ込んで三分の二にまで来た時にそのまま突っ込みながら、相手の相打ちを狙っての蹴技に対して、自分の突技を受技に変える修錬すら行っていたのである。これこそが遺伝子の重層構造をより見事に重層化しながら、創出することである。同じように、柔道家は相手が武技を掛けようとしてその行為を止める瞬間の少し前に、何故自らが跳び込みながら相手を投げ飛ばすことができないのか、である。

6　スローモーション的動きでの修錬の過程的構造を説く

「桜花武道局」の女子修錬生が、かつて工事で抜かれる予定で半分以上掘ってあった土手の桜の木を、（勿論、工事現場の責任者の諒承を得て）揺さぶり揺さぶりしてなんとか引っこ抜いたということがあったのだが、それには続きの話があり、後程、それを聞いた黒龍隊員（男子）が桜の木を元に戻してやろうと行ってみたところ、その木を担ぎ上げることもできなかった（程、巨木であった）という実践とか、同様に工事が終了する際に残してある大きな木の杭を大量に貰って、その杭で他の杭を叩き折るとの修錬、或いは、切り倒してしまう樹木を、その杭で数万回も叩き続けていって遂には枯らしてしまうとか、といった実践すら、女子でも行ってきている。それだけに、その頃の現場責任の方に笑われながら、よくからかわれたものである。

「あなた達は現代の宮本武蔵とその弟子の女人武蔵ですかね」、と。

とはいっても、問題はその行い方の過程的構造なのである。例えば、現在行われている初心用練習の一つである草抜きであるが、この草抜きも簡単にあっさりと抜いてしまうのでは絶対に駄目である。本来的には、両手でしっかり摑むくらいの量はある雑草の大束を、絶対にすぐには抜いてしまわないで、五分以上もの時間をかけて、中腰のままにじっくりと、かつ、ゆっくりと「抜くようにしながらまともには抜かない」ことを何日も続けることによって、抜ききるようにしていくこと等、がそうである。これは、大変なまでに脳の神経を初めとして、全身のほとんどの神経を酷使することになるだけに、この修錬を続けるのはなんとも辛いものであるが、これが具体的スローモーション的動きの修錬形態なのである。

上記の練習方法に関連し、ゆっくり行う修錬の必要性についてもう少し説くならば、二十四、五歳までは成長期で、何事を行っても簡単には肉離れや捻挫はしないものである。だが、である。その年齢の後は特に三十歳以降は、簡単に肉離れや捻挫を起こし易くなっていくのである。

すなわちこれは、柔道の場合の武技一つが決まるまでを考えると、その武技の一つの構造には、幾つもの変化の連結（つながり）が一つの武技（の体系）となって創出されているのであり、その連結を分割かつ統一化できるようになる修錬を、修錬の中で自分の実力の四割から八割弱を使うレベルで、繰り返し行うようにしていくのが大事なのである。

だが、である。その連結がまともにできあがらないままに（或いはできあがらないうちに）、試合等で無理に強烈な武技として使うとなると、それが自分の武技（の体系）を崩すことになってしまい、結果、体系性の歪みが、例えば肉離れ或いは骨折となることにつながっていくのであると、誰が一体分かっているというのであろうか。

例えば、柔道の選手とか野球の選手がこの肉離れや捻挫を絶対に起こさない方法が、先程の草抜きや砂利道での走り回り、山岳での数キロ以上の上り下り、木登りでの枝折りを行う過程の構造の中、（論理的正確さで説くならば、過程の構造の中の構造過程）にこそ見事に存在しているのである。当然に、これらの練習内容を行わなかったことの結果が、高橋尚子さんが年齢を加えていく程に、その走りに異常を来《キタ》していったこと、福原　愛さんの卓球体の異常につながっていったことの実態でもあるのだ、と分かってほしい。

また、例えばこれは「体落とし」の武技を修錬する場合、①武技を掛けて相手を倒すまでの時間を一秒ではなく、十秒以上の時間をかけるようにしていくことが大事であり、仮に、簡単に一秒以下で倒せる実力があっても、そこを十秒以上かけて倒し続けるようにしていく修錬が「這い言い」の過程的構造なのである。そしてこれは不得意の反対側、すなわち逆の「体落とし」も同じく、なのであり、②襟の握り込みであっても、相手が全力ではずそうとしても、三分以上は努力して離されない修錬もまた同様であり、③高い土手の上や下り道の途中での怖い技掛けも同様であり、④木の枝から大きく落ちていく修錬等も同様なのである。

以上の結果、我々は（以下『武道哲学講義』第三巻、現代社より引用）これよりも上層に位置する武道の認識へと到達すべく実践し、修行していくことが可能となったのである。それは、「平常心」とか「無我の境地」とかの宗教家が唱えるがごときの安堵《アンド》の境地を日常と為す心ではなく、「生即死ではない、死即生」との境地の会得であり、武としての悟得なるものであった。

端的には、相手を倒しに行くには、相手の死以前に自らの死を目前にしなければならない。相手の死の際を見つけながら、自らの死を覚悟して倒しに行くという「死即生」の境地である。簡単には、古歌にある「切り結ぶ太刀の下こそ地獄なれ」であり、千葉周作の説く「剣は遂には相打ちである」との実体的実質である。認識論の最高形態たる生即死、死即生は徳川時代の刀法に生きた日本文化たる認識を、自らの実践で生きてみなければ分かることはないのである。

『護身武道空手概論』を執筆している女性（本書の共同執筆者）には、ここをも見事に通過させたのである。それ故両人は、如何なる女子柔道、女子合気の達人でも簡単に相手をすることができるのである。諸君にはこれこそが、数ある上達の極意、達人への秘技の中で最も重要なことである、と分かって修錬していってほしいものである。

本書に載せている「詩」は、武道の達人を志す人に必須の過程的構造を把持するものである。よろしく修業、修行されたい、と願っている。念のためだが、武の道を極めるには、この順序が最もまともな上達方法と断じてよいであろう。また随所に載せた写真は、当然ながら本物の木刀、棒での闘いである。木刀、棒はこれまた当然ながら、堅く重い木で創られている。それ故、当てる時には、怪我の少ない場所を狙うことにしてある。

第一部の終了にあたって、付記したいことがある。それは、本文中に唐突に用いた感のある「遺伝子の重層構造」との言葉について、である。この言葉は、日本弁証法論理学研究会における重要な概念であるが、大抵の諸君には、未知の世界の概念であると思う。依って、なるべく左記の論文を参照してほしいと願っている。

(1) 本田克也『南鄉継正講義』遺伝子の体系性から生命の世界の発展性の帰結たる人間の遺伝子の重層構造を説く(一)」『学城(第十三号)』所収、現代社、二〇一五年

(2) 瀬江千史『南鄉継正講義』遺伝子の体系性から生命の世界の発展性の帰結たる人間の遺伝子の重層構造を説く」から発展の論理構造を学ぶ」『学城(第十四号)』所収、現代社、二〇一七年新春発刊予定

『武道流幻』——武道修行の道——

一

武の道　生き抜く人生は
生命賭けたる武術道
武の道目指す　桜花
命咲き散る　地獄門
ここが武の門　流幻流

二

武の道　初まる人生は
耐えて鍛える武の体技
武の道始めし　桜花
必倒嵐技　地獄花
これが空手ぞ　秘技流幻

三

武の道　賭けたる人生は
心技磨きし刀技道
必斬秘して　桜花
抜く刃見せずに　地獄道
これが居合ぞ　秘技流幻

四

武の道極める人生は
把技即必倒　魔技の道
嵐術成りし　桜花
殺技捉えて　地獄谷
これが合気ぞ　秘技流幻

五

武の道　定まる人生は
千載青史の歴史道
極意へ臨む　桜花
歴史に名を賭け　地獄舞
これが流幻技　武の奥儀

棒術との闘嵐組手

第二部　武道空手修練方法

第一章　修練の道標（どのように修練していくのか）

1　武道を護身として学ぶ意義

ここに関しては、一言だけ述べたい。

武道を本物として学ぶ意義、すなわち武道（武術）を護身として学ぶ意義の最たるものは、人間性の最もシビアなレベルである生命賭けの精神が、身体の修練とともに学べるということにある。生命賭けということは、単純に考えても大した問題である。理由は簡単である。

我々の生命は誰でもたった一つしかないからである。我々は、その一つしかない生命をはたして賭けられるのかは人生の大問題であろう。

生命を賭ける状態が如何に偉大なるものを生むかは、名人・達人のいわゆる極意の論理にはいわずもがな（当然のこと）、単なる個人でしかない死刑囚の手記を通しても知ることができる。

2　何故武道空手を護身として学ぶのか

武道が最もシビアな人間性の養成・向上にあるにしても、何故に剣道ではなく、護身としての武道空手なのかとの大きな疑問もあろう。

端的には、護身としての武道空手が最も有用だからである。具体的に述べておこう。

第一に、剣道と比較して武技の創出が非常に困難なことである。それだけに、武技を創る精神（ココロ）を十分に満喫することが可能なばかりか、その武技は竹刀ないし木刀ではなく、自分自身の身体たる五体そのものを素材として創るのであるから、それだけに直接的に自分自身を見詰められ、自分の身体と精神に存在する欠点の反省が可能である。

第二に、武道空手は己が五体そのものを武技化するので、左右均等の修練を否応なしに要求される。当然に右ききは左ききを要求され、結果として左ききも右ききもないということになる。また秀才と鈍才（武技の素材・武技の創出といった意味での）との直接の腕比べ《マ》を目のあたりにし、教育（上達の構造）とは何かを否応なしに知ることになる。

第三に、武技には二面性があり、一つが武技の創出であり、他が武技の使用である。

それ故、武技の使い方が下手だと、良い武技を創っていても役に立てられないことを学ぶことが可能となる。剣道ではこれを直接的同一性、すなわち同じ事、同じ物として存在させているだけに、有体には武技にそのような二重構造が存在することを知る機会がないので、どうにも二重性とか構造とかの概念を学べないままに指導者になってしまうのである。

第四に、武道である以上、当然のこととして護身に役立つものでなくてはならない。

この点で剣道は直接に護身としては役に立てられない。理由は、日常生活においては竹刀や木刀や刀を持って歩くわけにはいかないからである。

第五に、剣道は刀を用いることが本分である以上、刀によって精神（ココロ）を創られるから、そのことによって必要以上に刀に頼るココロができあがるからである。つまり、いざという時に刀がないと不安を覚えて、実力が発揮されないのである。折角の訓練が中途半端的な役割しか果たさなくなる。

第六に、それでも剣道を学びたければ、まず武道空手から入門した方がより上達が早い。

剣道では武技の創出の構造、すなわち二重性を自覚でき難い以上、上達が単純に自然成長的になる。従って武道空手で武技の創出の論理を学べば、意外と簡単に剣道に応用でき、当然ながら上達が非常に早くなる。結果として後から剣の道に志しても、十分に上達可能である。

「番外」として、柔道は素材として通常人以上の身体力を要求される点、護身術としては時代性を持っていない。柔術の護身的武技の性質を省いたもの、すなわち武技としての合気の技を大きく省いたものが柔道である点からも賛成できず、合気道の方がまだ護身用として推せるからである。

しかし合気道も、武道空手に比して上達がより困難であり、空手・拳法に相対するには、相当の素質を要求されるので、とても推薦でき難いものがある。

3　「挨拶」と「気合」「稽古衣」は武道空手上達の始まりである

道場では気合とか挨拶を必要以上にいわれる。これは娑婆っ気の抜け難い人程に不満の種であろう。だがこれは、その不満な人をも含めてどうしても必要なことである。

そもそも武道空手は護身としての必要性から学ばれるものである以上、その役に立つように学んでいかねばならない。人間は、精神の実力が第一義であるから、その精神が武道空手を欲し、武道空手を学ばせるのである。

それ故にこの点から以下に説くことが大事となる。

すなわち、その武道空手を欲する己が精神は、己が弱さを克服するためにこそ武道空手を欲するのであり、その時点ではその人はまだ弱さそのものである。その弱さそのものでしかない己が精神が己が武道空手を創るのであるから、そのままでは、その己が弱さがそのままに武道空手に転化してしまう。つまり、その弱さのままでは体育にはなっても武道にはなりきれない。健康体操では何のための武道空手の学びか、となる。

そこで「挨拶」なのである。だから「気合」なのである。腹の底から、対手の精神に響く発声をすることにより、己れも対手もともにその挨拶・気合に慣れ、挨拶・気合を出せる自分を創り、挨拶・気合を受け止められる自分を創ることになる。

これが精神の鍛錬の一つの形式である。初心者はまずここから実行し、かつここを己がものとしていかねばならない。そうするうちに、自らの実行、実践の成果が己が実力と化していくにつれて、今度は他人の挨拶・気合の弱さが気になるようになる。そうなったらしめたものである。かつまた、それにつれて武技の創出も徐々に見事になるし、道場全体の雰囲気も良くなる。それがまた己れに浸透して精神のたるみが減ってくる……。かくして武道空手の見事な修練者らしく……育っていくのである。

では、ということで肝心の挨拶・気合について大切なことを説いていきたい。

一　挨拶・気合

①挨拶の仕方・気合の出し方の効用を説く（順序→手と足の姿形とその発声）
②何のための、その姿形なのか
③その仕方（出し方）が悪いとどうなるか
④その時の心をどう学ぶか
⑤その発声（挨拶・気合）は頭脳にどう働きかけるか
⑥その発声（挨拶・気合）は身体にどう働きかけるか

⑦その発声（挨拶・気合）は精神にどう働きかけるか

①武道空手における「挨拶」・「気合」には次のような意義がある。一つは、悪い姿勢だときちんとした言葉が出にくいので、しっかりと立つ必要がある。しっかりと立つとは、「結び立」で両手は脇にしっかりと伸ばし、胸はうんと張り、目は正面を見据える。そのため、頭は直立となる。発声はその姿形で、口と目を大きく開けて、腹の底から大声を出す努力をしながら行う。

②この意義は、その挨拶・気合によって、ともかく武道の心を養成することにある。③その方法が悪いと、武道空手の上達が思うようにはいかなくなる。④大声と大気合は、自分の意志が働かなければ、絶対に大声、大気合にはならない。⑤それだけに、その大声を出す、大気合を入れることで、自分の意志が育ち、精神が育つ流れの中で、脳が大きく揺さぶられていくので、次第に頭脳の働きが活発となるのである。

⑥大声、大気合を出すには、喉の力のみではまず不可能で、必ず顔面全体を使うようになり、それだけではまだ駄目なので、両手の力を使うようになり、そして加えるに、腹部力、足腰の力を総動員してようやくまともな大挨拶かつ大気合となってくるのである。この頭脳と身体の総合で見事な程に武道空手がより上達していくことになるものである。

⑦そして、その大挨拶、大気合の音声（発音）が全身を駆け巡る様式で脳に伝わり、自分がその全身の振動と発声の大きさにびっくりすることで、精神がまともに魂レベルへと向上していく

端緒となるのである。

二　稽古衣

①稽古衣その効用を説く（何のための、その姿形なのか）
②その着方が悪いとどうなるか
③その着用時の心をどう学ぶか
④その稽古衣は頭脳にどう働きかけるか
⑤その稽古衣は身体にどう働きかけるか
⑥その稽古衣は精神にどう働きかけるか

次に稽古衣の効用を説くことにしたい。稽古衣は武道空手を始める前には、まず着用したことのない武道用制服である。諸君が、初めて中学生になった時のことを想い出してほしい。何を着てもよかった小学生から、いきなり、四角ばった形式の制服というものは当初は身体になじまず、照れる思いもあったはずである。だが、それとともに、別の人間になったかのような精神の緊張も生じてきたと思う。これから新しい人生、新たな希望が待っているような……である。

そのように、武道空手における稽古衣の着用は、自らのあまり大したことではなかった人生が、もしかしたら優れたものになっていくのではないかとの期待をもさせてくれるはずである。

それだけに、稽古衣が自分の未来を委ねる精神を創出させてくれるように、毎回の着用時に、武道空手をまともに学ぶのだ、稽古衣が伊達《ダテ》ではないことを示すべく上達していくのだとの気持ちを込めて、眺め、着用に及んでは一つまた一つと気持ちを引き締めていくように着用することが大事である。決して単なるジャージ的着物を身に付ける感覚で行ってはならないのである。でないと、その単なる気持ちがそのままに、諸君の武道空手を単なるジャージレベルで上達させてしまうという怖さがあるのである。

4　しごきと武道空手

世上、しごきは悪しきことのように受けとられている。だが、しごきはそんなに悪いことなのであろうか。一般的には、しごきは否定すべきでない。具体的には、良薬と同じく使用法を誤らなければ非常に役に立つからである。良薬は病気を治すために、或いは身体を回復させるために用いられるを本分とする。逆説的には、病人・傷者のためにある。つまり常態でない人を常態へ持っていくべく使用されるものである。

しごきも同じく、病人を常態へ持っていく場合と同様に、注意を払いつつ用いるなら、これはもう、とても有効であり、有難い存在である。つまり、並のままでは上達できない人（病人）に上達法（良薬）として役に立つ面がある。但し、これも良薬と同じく、名医が投薬するのでなければならない。

別言すれば、素人のしごきは危険ということである。相手の体力のみでなく、精神力をもよく見極めてしごく必要があり、それも薬とは逆に、徐々に増やしていかねばならない。素人に薬が危険であるように、しごく方法を知らない人が実行すると、死にいたらしめる可能性がよくあるので、よくよく注意してかからねばならない。逆に、しごきのそのあまりにもの有効性に目がくらんで、相手或いは己れの実力を測ることを絶対に忘れないように、心してかからねばならない。

5　怠け心と武道空手

誰も身に覚えがあることの一つに、怠け心がある。

折角情熱に燃えて入門した武道空手の道なのに、数ヵ月もしないうちに修練を嫌がるようになって、「今日は雨だから」とか「今日はテレビを見たいから」とか理由を付けて怠けるようになる。この怠け心を異常と見るか、正常と見るかで処理の仕方も異なるが、まずもって答えておけば、怠け心そのものはいたって正常である。

人間も自然の一部として誕生した以上、自然が変化するように人間自身も変化するのは当然であり、その人間の中でも精神は最も変化するものである。この変化自体を論理的に捉えて運動と称している。人間は〈運動＝変化〉するのが当然であるからには、真面目人間が怠惰人間に変化するのも当然である。しかしこれは現象論でしかない。いわゆる純粋の怠けがあるわけではない。それは、何かを基準にしての評価（例えば道徳とか）でしかないからである。怠けている者は何かを怠けているのであって、すべてを怠けているのではない、そんなことは不可能である。

人間の本質は運動性、すなわち、何かに熱中することにこそあるのであるから。

格言に曰く、「多くの事柄に情熱を傾けるのは易しいが、一つの目的に情熱を燃やし続けるのは至難である」。だからといって常に怠けてよいというのではない。人間には動物と異なって意志がある。その怠け心を正常なりと認めても、なおかつそれに耐えようと働く意志があるはずである。その意志を修練の中でより強く育てていくこともまた、これ修練そのものである。従って時として怠け心は起きてもよいのである。

6　愚図と武道空手

通常、名人とか達人とかと称される人は、普通の人間と異なって特別な才能を持って生まれた人のように解される。これは正しいのであろうか。答は否である。

幕末の三剣士の一人といわれた大石 進は、〈愚鈍な武士〉で知られていたが、ある事件をきっかけに自宅へ引き籠り、三年の修練（しかも自己流で）の後に天下無敵となったことは、誰一人知らぬはなしといわれるくらいの有名な話である。かつての不世出の大投手といわれた金田正一も、「天才というものはない。あるのは不屈の努力のみ」と告白している。彼の引退後の自伝に曰く、「私は当時の一流といわれる投手の数倍は修練を積んだものだ」と。

陸上競技とか水泳とかの、スピードを競うものは確かに特別の才能が必要である。しかし、武道空手とか剣道にはそれ程のものは要求されない。具体的に説明してみよう。

武道の勝負には、いわゆる駆引《カケヒ》きが存在する。つまり、攻撃すると見せかけて攻撃せず、攻撃しないと見せかけて攻撃するといった類いのそれがある。また、自分の武技を対手の武技に合わせる必要性は全く存在しない。それだけではなく、対手の攻撃がどんなに素早くとも、それはまともに目に見える速さであり、しかも受けるに十分な時間を伴ってのそれでしかない。

従って勝負は運動神経で決まるのではなく、武技の使い方のレベル、すなわち、頭脳活動としての見事なる精神力で決まることが多いのである。

誤解してほしくないが、武技等どうでもよいというのではない。その逆である。見事な武技は愚図にでも創れるからこそ問題にしていないのである。ただその創出に時間が数倍必要だ、ということなのである。にもかかわらず何故現代は愚図の天才が輩出しないのであろうか。理由はあまりにも明快である。

一に、その当人が人の数倍以上の努力を惜しむからであり、二に、指導者が愚図の指導を嫌がるからである。一言で評するならば、弟子も先生も見事なまでに人間的な怠け者だからである。愚図と自称する人は、己が怠惰を天下に公言しているだけで、決してそれを自覚しない人である。

俺は愚図だという前に、人に数倍する努力を払えばよいだけであり、それが嫌なら人間を止めればよいだけのことである。

それ故、愚図を指導する者は決して諦めさせないこと、すなわち指導者が諦めないことである。愚図こそ真の武技が創れるとの論理的な信念を持ち続けることである。ここで決して指導者は自らが怠け者になってはいけない。少年部の指導者にありがちなことであるが、どうせ子どもは駄目だと適当なところで諦めている怠け心、それこそがいまだかつてまともな上達論を誕生させなかった最大の原因である。

反面、愚図の論理はいささか逆説的ではあるが、大秀才の論理へと媒介され転化する。すなわち、大秀才である程に真の秀技は創出し難いということである。世の大秀才とは短期間で目標を達成する能力を持った人の別称である。武道空手で例をとるならば、上達の早い人であろう。これらの大秀才はこぢんまりとまとまった武技の持ち主に転生する。諸君によくよく考えてほしいことは、武技とはどのような構造を持つものなのかということである。

7　空手流派の違いについて

以前程ではないが、現在でも流派を気にする人がいる。これは流派によって教授の形式も内容も異なるし、結果として、実力に相違をきたすと考えられているからであろうし、寄らば大樹の陰という思いがあるからでもあろう。確かに、戦後の日本では雨後の筍のように空手の指導者と称する人が現われ、誰が一体まともなのか皆目不明であったから、まずは身元を確かめてという思いで「何流ですか」との声が発せられる慣習になったこともあろう。

しかし現在では、流派は意味があるようで実際は大して意味がなくなってきている。理由は多々あるがここでは主だったものを挙げておく。

まずは、日本の空手の主流は、過去、現在を問わず空手の本場たる沖縄での主流ではなかったということである。しかも、日本での空手は沖縄とは大きく異なった発展をしていったのである。そのため、日本ではあまり著名ではないのが正統（沖縄式）である場合が多かった。

次に、日本では誰もが、その気になれば空手の指導者になれたということである。ということは、ほとんどが見様見真似程度の空手から日本の空手は出立したのであるから、何流といっても単なる〈名称〉に過ぎない場合が多かったのである。

最後に、現在では悪しき意味での武技の相互浸透が起こり、どこを見ても特徴が消えて一般的になってしまっている、つまり姿形上の差異はあまりないのである。ならば流派は全く無意味なのかとの問いには以下である。流派を内容的に捉えて、修練方法・体系の相違とするなら、結構であろう。では何が結構かといえば、己がじしの修練内容の結果を競えばよいという意味である。

現在の空手界を眺めるに、各流派の実体として存在する武技の姿形に、大して違いはないといってよい。だがその学び方には、理念的にも実技的にも大別して二流派がある。

理念的には一つは武道派であり、他はスポーツ派である。実技的には一つは一人修練を主とし、他は二人修練を主とする。他方、組手という面から分ければ、防具派と無防具派に分かれ、無防具派は寸止め派と打倒派とに分けるといった具合である。

ここで我が流派の位置付けをするならば、体系上の理念としては武道としての空手を修練し、内容としては、武技の創出においては一人修練を主として行い、武技の使用を修練するには二人修練をもってし、闘う場の設定としては「寸止め」あるいは「尺止め」と防具と無防具双方による打倒を学び、試合形式としては、一人試合（型）と防具試合を行うという立体的・構造的な形式を有している。

ここで、闘う場の設定としては「寸止め」あるいは「尺止め」との文字を使用しているが、我々のこれは、他流派のものとは大きくというより全然といってよい程に、理論が異なるものである、ことを念のために記しておく。

諸君は、以上の事実をしっかり学んでおき、流派は修練体系・内容、加えて空手の理念、思想の違いと受け止めておけば間違いない。

木刀同士の「闘い」組手

第二章　武道空手

1　武道の勝負とは何か

歴史的に見て空手は武道として発生してきたが、その武道の本質は武技を駆使しての生命賭けの勝負にある。そして個々の武道はこの武技の相違によって区別される。剣道の武技は刀であり、柔道の武技は主に投技、絞技、合気道では関節技であるが、武道空手の武技は武技化した五体そのものであり、具体的には手＋足の武技化である。それ故、武道空手とは〈武技化した五体を駆使しての生命賭けの勝負を行う武術〉と定義されよう。

この定義から明らかであるように、武道空手にしても拳法にしても同じ自らの五体の武技化であるから本質的には同一である。

ここで、武道一般の持つ勝負の構造を簡単に説くことにしたい。

第一に武道の勝負は生命賭けの勝負である。このように説くと、ここで生命賭けという定義についての素朴なる疑問ないし批判が提出されよう。

「現代の社会において生命賭けの勝負とは何事か、そのような勝負は一般的にありえない、時代錯誤に陥っているのではないか」、と。

現代の社会を日本国憲法の唱えるような平和主義的に狭く捉え、自分自身の周囲の平和的なあり方を一般的に見れば、このような批判的な疑問も出よう。だが、ここには武道とスポーツの間の本質的な相違を究明するための一大命題が含まれている。

それは武道とスポーツの本質的な違いを考察するに適切な問題である。すなわち、武道の闘技といわゆるスポーツの球技との勝負の構造には生命賭けの勝負という本質的な相違だけでなく、以下の点が存在する。それは瞬間性、すなわち待ち時間の問題である。球技では攻防のルールが一方通行的にあるのに対して、武技の攻防のルールは双方通行である。

具体的には、卓球や庭球では、相手にサーブ権がある場合には自分からサーブすることは許されない。つまりサーブする人間は、サーブ時に対手からの攻撃を心配する必要がないわけであり、従ってサーブに全意識を集中することが可能であるし、またそうでなければならない。

これに対して武道では、攻撃権は双方に同時に存在するのであり、自分が攻撃する時に対手側は絶対に攻撃しないという保証は全くないだけに、真剣勝負においては（護身においては）、攻撃時においても自らの攻撃のみに徹することは、まずできないというより、なすべきではない。それでは自らの生命を危険に晒すのみ、だからである。積極的な攻撃は、万全の防禦体を保持してこその、ものである。すなわち、武道におけるこれは、いわば待ち時間が零に等しい、すなわち瞬間性における勝負である、との覚悟で修練するものである。従って武道でも勝負の構造に直接性のあるものとないものとでは、武技を創出する困難の度合が異なってくるのである。

　さて以上のような構造的な相違は、球技では勝負を通じてもまともな技を創ることが可能であるのに対して、武道では勝負の過程においてまともな武技を創ることは至難であり、より正確には不可能であることを意味する。

　では、武道空手の勝負はどうであろうか。端的に説けば、いわゆる他人の手になる武技を持たず、自分の五体を武技として完成しなければならない武道空手においては、勝負の過程においてまともな武技を創ることは不可能に近いと断言してよい。そしてここにこそ、武道空手の基本武技修練・武技型修練・武技修練組手の鍛錬的修練の重要性を裏付ける根拠がある。

2　武道空手の勝負の構造

次に武道空手の勝負の構造の特徴を簡単に説いておく。
(1) 武道空手の勝負は武技化した生身の五体を用いての闘いである。
従って刀のように折れたら取り替えればよいというわけにはいかない。更に武技が生身の五体であるということは、武技そのものも互いに攻撃の対象となることを示している。

（2）武道空手の勝負は急所の攻防である。
急所とは人間の五体の中で軽い打撃を受けても七転八倒の苦しみを味わうか、死にいたる箇所であり、如何に鍛えようにも鍛えようのない場所（金的・目・鼻・口・耳・喉仏・心臓等々）である。ここに防禦武技の重要性が存在する。
（3）武道空手の勝負は多数の武技を用いた闘いである。
剣道にも二刀流はあるものの、通常は武技は一つであるのに対し、武道空手は左右の手足という主力の四つの武技を中心とした多数の攻撃・防禦武技を駆使する勝負である。また、人それぞれに手足の長さが異なることから明らかなように、武道空手の間合は剣道における〈一刀一足の間合〉というような単純さはない。
（4）武道空手の勝負は武技を支え、かつ武技を運ぶ土台である足も、攻撃技の重要なる一部を構成している（土台と攻防武技との直接的同一性）。特に蹴技の場合には武技を一本の足で支えるという面からも確固とした土台創りの重要性を理解すべきである。
（5）武道空手の勝負は素手で闘う武道の中では最も遠い間合からの勝負である。
これは端的には、素手で闘う武道（空手・柔道・合気道等）の中では武道空手が最も強いということを論理的には示している。

以上のように武道空手は、高度に複雑な勝負の構造を有しているから、単純に勝負の現象形態のみから武道空手の構造を考えてはならない。

3　我が流派における武道空手の修練体系とは

我が流派は武道及び武道空手の勝負の構造を徹底的に探究し、構造的に究明した上で、かかる論理を媒介にして過去数千年にわたる人類の歴史に立脚した武道空手ないし拳法の優れた武技をまずは集大成した。その上で、それをより優れた武技に仕上げてまともな武道空手の修練体系を構築した。そしてそればかりでなく従来特別の才能を持つ人のみが試行錯誤を繰り返すことによって辿り着くことの可能であった名人・達人の境地にいたる上達過程を、学的論理として明示することによって、意欲ある人であれば誰もがかかるレベルに到達することが可能となる理論的修練体系を構築してきたのである。

それ故、昔は運と才能に恵まれた人のみが偶然性に支えられて達人の境地に到達できたが、我が流派は、この道さえ歩けば誰でも達人の境地に到達しうるその道を明示しえたのである。

以上の「その道」を一般的具体性をもって説くならば、武道空手の上達には、およそ次の項目をまじめに、時間をかけて、段階的に或いは並行的に行うべきであると述べておきたい。

①攻撃武技・防禦武技を自己の五体を素材にして創出すること。
②攻防の武技を支える土台となる立ち方を武技として仕上げること。

③武技を運ぶ土台である運足（土台の移動）を武技として仕上げること。
④武技の有効距離である間合を計ること自体を武技化すること。

4　武道空手の武技修練概説

以下、基本武技修練・武技型修練・武技修練組手の概要を解説しておく。

一　基本武技修練

一般的に基本とはその物事の土台となるものを示す。武道空手の場合には武技の創出と武技の駆使の双方に基本武技が存在する。我々は、武道空手の勝負に使われる様々な武技の中から、武技として見事ながらも創り易く、かつ応用範囲の広いものを選択し、これを基本武技として設定し武技を創る修練を行っている。ここではこの基本武技を武技として仕上げる修練を基本武技修練と呼ぶ。

武道空手の構造の項で述べたように、武道空手の武技を闘いながら創り上げていくというような、いわば両面作業を一面的に行うことは至難であることから、初心者は上達の第一段階としては、まず武技を創ることから始めなければならない。それは端的には、武技の姿形をまともに覚え込むことから始まり、覚え込んだ武技の姿形を使用に耐えうるまでに忍耐強く仕上げてゆく

（人間体としての五体を武道空手体としての五体へと転化させていく）、一連の過程が基本武技修練である。

二　武技型修練

武技型は現象形態としては武技の使い方のように存在しているが、構造的には現実的に設定された敵との設定されない闘いを行う過程である。だがあくまでもこれは自らの観念内における敵と現実的な勝負をするという意味であり、その意味において個々の武技は観念的に設定された敵との勝負の中で敵の武技との絡み合いにおいて決定する。以上の構造を持つのが武技型である。

従って武技型修練における第一の意義は勝負心の養成にある。しかしこれは有段者レベルでの問題であるため、ここではこれ以上は言及しない。

では初心者にとっての武技型修練の意義とは何であろうか。それは基本武技修練と同様、見事なる武技の創出にある。初心者にとっての武技型とは武技の組み合わせであり、武技を創出する修練の一環として捉えなければならない。従って武技型修練においては武技型の順序・攻防の部位・武技の姿形は当初は可能なかぎりの正確さを要する。

初心者の武技型修練の意義が武技の創出にあるとすると、何故基本武技修練のみではいけないのであろうか、との武技型修練の必要性に関しての疑問が提起されよう。だがしかし、この疑問は人間の認識を看過している。見事な武技の創出のためには、武技の使用を一時期的に否定してかかる必要があるが、とはいうものの、一年も二年も単調な基本武技修練を繰り返すには余程の忍耐力が必要となる。理由は、覚えたら一刻も早く使いたいと考えるのが人間の常だからである。

武技型は現象的には武技を駆使するという形態をとっており、従って武技を使いたいという欲望を満たしつつ、かつ武技の創出を実現しうるという構造を有しているのである。付加すれば、実際の勝負において全く未知の武技に出会うとそれの未知ということに驚き不安を覚え、そして精神的かつ肉体的に萎縮してしまうという傾向があるだけに、武技型を通じて多様な武技を知っておくことも有用なのである。

最後に茶帯クラスは、上達のレベルが武技の創出から武技の使用への過渡期にあるから、武技型の修練においても対手を仮想しても武技が崩れぬような修練を徐々に組み込んでいかなければならない。

三　武技修練組手

武道空手は武技化した五体を用いての生命賭けの勝負を行うものであるが、武技修練組手はこの生命賭けということが概念的にのみ設定されている現実的な勝負であり、武道空手における勝負の修練体系の一つとして設定されている。

確かに武技組手は修練形態の一つであるが、その組手の構造に立ち入ってみるに第一に直面するのは、対手にまともに当てるということであり、逆の側からは当てられてはならぬということである。武道空手はその勝負において武技を対手に当てなければならないが、修練時において実際に武技を当てるのは非常な危険性を伴っている。それは武道空手の勝負を考えてみれば即座に理解できる。実際に武技が対手の急所に当たるならば、対手は死にいたるか、或いは死にいたらないまでも、生活に支障をきたす肉体的破損を生ずる可能性が大となる。

実際に武技が当たれば、当たった側の生命或いは生活に支障をきたすわけであり、通常の修練においては実際に当てることはできないという矛盾が存在する。武技組手はその歴史において、この矛盾を常に孕《ハラ》んできたといえる。

武道空手発祥の地である沖縄では武道空手は理念的には〈君子の武術〉として武技を自由に当ててよい自由組手を否定してきた。だが、この理念の背後には、実際に武技を当てたら対手が死ぬという現実を避けるべく、武技を駆使する組手を否定したという現実的な理由が存在する。

沖縄空手が日本本土に伝わってから何十年もの月日が過ぎて、昭和時代になると、武技修練組手は独立した一つの修練として出現し、いわゆる型の活動（冨名腰義珍）ではなくなった。そしてそればかりか、いわゆる寸止め組手（すなわち対手の直前で武技を止める組手）が大学空手部の心ある人々の手によって考案され工夫されて発展することになり、現在においても大抵の流派はそれを自由組手と称して普及させている。

しかしいわゆる「寸止め組手」は、武道空手の本分である当てることそれ自体を切り捨てるという本質的な欠陥を有している。しかも彼等は今なおその論理的誤謬に気付いていないといえよう。最高時速約九十キロもある（もっとも我々はこの時速を実際に測定したことはない。だがこれは権威ある筋の測定値であるから、信用してよい。空手をたしなむ人間にとっては常識的な某流派の測定値である）空手の武技を対手の直前までスピードないし威力を保持し、しかも直前で止めるということは物理的に不可能である。それは特に蹴技にいたっては尚更である。

結果的に説けば、武技を対手の直前で止めるということは、最初から威力を相当に低減せざるをえないのである。その欠陥は単にそれだけではない。攻撃武技の威力がなければ防禦武技もその攻撃武技のレベルに相応した防禦武技で十分に間に合うことになる。従って防禦武技自体の威力も相当に低いレベルで低迷せざるをえない。何故かは、防禦武技は攻撃武技が見事でなければ、まともな武技として完成することができないからである。

当てない武道空手の欠点は、武技の威力を低減するに留まらず武技を倭小化、弱体化する点にあり、武道空手をより発展させるための重大なる阻害条件となる点を認識しなければならない。その意味からは、いわゆる〈寸止め自由組手〉が一般的に普及され、初心者にとっても常識的状態になるにつれて武技のレベルが低下したという現実も十分に納得できよう。

武道空手を更に発展させていくためには、この組手の持つ矛盾を確実に認識した上で、武道空手のあり方を歪曲ないし変形しない組手の形態が創出されなければならないのであり、それは他の武道の歴史（剣道における防具・柔道における畳）で分かるように防具の採用である。

防具による武技の組手は、鋭い攻撃武技を思う存分に駆使しうるだけでなく、防禦武技そのものもより威力ある武技に創り上げることが可能となる。結果として攻撃武技・防禦武技の相互浸透により、武道空手自体の大いなる発展を実現することが可能となる。

なお、武技の創出から武技の自由な使用への移行過程における修練体系として、武技と武技の使い方を規定した武技修練組手なるものがある。初心者にとっての組手修練の主体はこの武技修練組手である。

5　武道空手の段級の基準

我が流派では、武道空手の段級はおよそ以下のように位置付けている。


七級……入門者が三ヵ月経たら行う審査であり、稽古衣が身体になじむ程に練習しておれば合格。

五級……入門後半年経て、基本技の姿形が武技らしく見えれば合格。

三級……通常用いられる基本的な意味における武技の姿形が練習を重ねても崩れない程度になったレベル。武技の姿形からすれば初段と同様にできあがっているレベル。

初段……武技の姿形が次第に本物の武技になる過程で武技修練組手に耐えうる程度にまで武技が仕上がったレベル。すなわち武技修練組手をやっても、ケンカ拳法的には崩れぬ程度に武技として仕上がったレベル。

弐段……武道空手の武技を正しく用いて一人前に武道空手の勝負が可能になったレベル。武技の使用については初段より見事さが見えるレベル。

参段……武道空手の武技とその使い方（闘い方）が一応完成途上にあるレベル。初段クラスの実力者を手玉にとれるレベル。

四段……武道空手の武技とその使い方が一応完成したレベルである。実体上の強さとしては一流であり、これを最強とする。

五段……四段技に人としての気品が備わったレベル。いわゆる人格的闘いを可能とするレベル。

六段以上……年月を重ねて修練を連続し、かつ、多くの弟子を育成し、指導者として精神的に大きく成長できた人物の段位である。

木刀同士の「闘嵐」組手

第三章　武道空手技

1　武道空手技一般

武道空手は自らの五体（手・足）を武技化しての生命を賭けた勝負を行う武術である。すなわち自分の五体（手・足）を武技として創り上げ、その武技化した五体（手・足）を駆使した対手との生命賭けの闘いを構造として含んでいる。

武道空手技とは、その武技化された五体の働きであり、その武技を駆使しての相互の闘いが勝負である。武道としての空手における勝負とは究極的には生命を賭けた勝負に耐えうることであるから、武技を創出する究極的な目的は、すべての武技を一拳一足的必殺レベルにまで高めることである。武道空手の武技を大別すると、武技に相当する技、すなわち攻撃武技・防禦武技とその武技を支え、かつ運ぶものとして立ち方・運足という武技の土台がある。

次は、以上の構造を単純に図式化したものである。

武道空手技
- 武技
  - 攻撃武技
    - 手《シュ》技《ギ》……突・手刀・肘(エンピ)等
    - 足《ソク》技《ギ》……前蹴・横蹴・廻蹴等
  - 防禦武技――上段受・中段受・下段技
- 土台技
  - (静止) 土台 (立ち方) ……前屈立・後屈立・騎馬立等
  - (移動) 武技運足法

2　武道空手における各武技の区別と連関

武道空手はこれらの武技が有機的に結び付いたものであるが、修練としては相互の相対的独立として構成されている。

まず武技とその支えである土台との関係であるが、攻防武技とは対手との闘いにおける直接の武技となるものをいい、立ち方ないし運足とは武技たる手・足の動きを支えるとともに、対手に武技を運ぶ足腰のあり方である。立ち方ないし運足は武技を支えるということから土台と称する。

武技である突技・蹴技・受技という手・足の闘いとしての働きは、その土台が柔弱であり不安

定では、当然に力強く行うことが不可能であり、威力のある鋭い武技にはなれない。武技の威力は、究極的には土台によって規定される。

次は攻撃武技と防禦武技との関係である。攻撃武技とは対手に当てる武技、すなわち対手に当てて対手を倒すことをもって本分とする。防禦武技とは対手の攻撃武技に当て、自分の体位外に払い、或いは流しきることによって対手の攻撃を封じ、自らの攻撃を可能にするためのものである。それだけに防禦武技は、対手の攻撃武技に当て、更にその武技を捌く（払う、流す）という、二つの過程が一体化されている。

故に当てることのみの構造を持つ攻撃武技に比べて相当に難しい。それ故、防禦武技は生命賭けの勝負にとっては不可欠である。というのは、例えば護身ということを考えた場合に、最低、対手の攻撃武技を己れに当てさせなければ、自らを護ることが可能であるから簡単に納得がいくと思われる。

それだけに特に体力の劣る人、身体の小さい人にとっての防禦武技は第一義といっても決して過言でない程に重要であり、有体に表現するならば防禦武技なしには身体の劣る人は勝つことが困難である。更に先手必勝レベルの闘いではなく、最高レベルの勝負とは、防禦武技の完成があってこそ可能であるから、防禦武技のレベルは勝負の質を決定する。

次に攻防武技の発展は一方の威力に応じて他方の威力が要求され、過程として相互に発展していくものである。具体的には、攻撃武技を受ける場合にはその武技以上の力強い払い、威力のある流しの防禦武技でなければならない。従って防禦武技は少しでも力強く、威力のある武技に仕上げなければならない。これに対して、対手に受けられた攻撃武技は対手の防禦武技を上回る威力を持たぬかぎり、対手に当てることすら不可能である。従って対手の防禦武技以上の威力のある武技が肝要となる。要するに両者は、一方の発展が他方の発展を促す形態をとりながら発展していくことになる。

一般的に武技の発展というと、合気道や少林寺拳法のように数多くの武技を学ぶことのように考えたがる人がある。だが、これは大きな誤謬である。何故なら、武技というのはある姿形を繰り返して行う過程において、究極的にはそれを無敵のレベルにまで創り上げるという構造を有しており、従って武技の発展はその武技自体の質的な向上、質を高めるということを示している。武技の数が増加することは決して武技力の発展とはならず、逆に、武技の後退につながってくると理解してほしい。

武道空手の武技は基本的には数種類のみであり、その他は応用的或いは変化的武技である。応用・変化武技としては無限であるが、既に述べたように、武技の発展とは応用・変化武技を無限的に修得することでは断じてない。応用・変化武技は基本武技をまともに修得すれば幾らでも応用・変化が可能だからである。従って基本武技は変化武技の根本的存在である。それだけに基本武技をより見事に、力強く完成し質的なレベルアップを図ることの方が、武技の発展につながるのである。

3　武道空手技の二重構造を説く

更に肝要なことであるが、武技は創るべきものであり、かつ創って使うものである、という二つの過程的構造を有する。

武道空手のみならず一般的に自分の五体を武技化して闘う武道において、闘い方、すなわち武技の使い方のみに目を奪われて、それが武技のすべてであると錯覚する人が多い。その結果、指導者は初心者の水準レベルを正確に位置付けられず、それだけに、まず闘えるための修練が第一義となり、その初心者は人間としての日常的な動きのままで闘う修練を行うことになり易い。使い方のみの修練から生まれた武技は本来的に備わっている人間技（生まれてから自然成長的ない目的意識的に創り創られた日常生活的な人間技）レベルから程遠くないので、勝負は身体の実力が勝敗を決定する可能性が大となる。

武技とは、そもそも人間としての自然成長的な能力的限界を超える闘いのために創出されたものである。武道空手は五体を単なる人間としての動作ではなく、人間体技（人間の日常生活で自然成長的に身に付けた動き・働き）を超越した目的意識的に武技化した五体を用いての闘いであり、生命を賭した勝負ともなれば当然に一拳必殺的レベルにおける武技の必然化が要請される。

故に防禦武技にしても、対手が再び攻撃できぬ程の武技として鍛え上げるのが理想的である。

このような武技は闘う修練の過程から創出できるというような生易しいものではない。

これは闘う武技を自らの五体に創り上げるという目には見えない過程であるだけに、武技は元々人間の身体に眠って存在しているかのように考えがちであるが、我々はそのような誤謬に陥るべきでない。また自らの生身の身体を武技化して闘う武道の武技は他にも困難をもたらしている。というのはまず武技を自分で創る（剣道にあっては刀は自ら創らない）という修練は最も人間的部分、すなわちその人間の意志が創るものであり、意志（ココロ）の強さが、武技を創る時にせよ使う時にせよ大きく作用するからである。

一般的に武技に転化するということは、その人の手・足の動きが威力あるものとなることであるが、威力を創出する根本は意識すなわち精神たるココロの集中力である。これは現象的には身体の動きそのものと見えても、実は自らの意識された目的的な精神の働きなのである。加えて人間の身体は刻一刻と変化しており、一時といえども静止することはない。要するに我々の身体は生きている間は変化の渦中にあるだけに、精神すなわちココロもそれにつれて、変化する（集中しなくなる）ものである。

だが武技を創るということはまず姿形を創ることから始まるのであり、この武技の姿形を創るのは一週間に一度の気まぐれ的修練であっては、まともな武技に仕上げることは不可能に近い。日常的身体の変化があまりにも著しいために武技の姿形すら定着できず、仮に武技ができた後でも定着の修練を怠るとその武技が簡単に変質、変形してしまうからである。

すなわち、修練とは武技が身体を変え、もしくは武技に身体が適応するようにする過程であり、初心者にとってのそれは〔一〕に武技を創出し、〔二〕に創出した武技を保持するという過程が含まれている。

4　武道空手の武技の創り方

武技を創るということは、闘いのための手・足の動きを威力あるものに変えるということであり、それによって人間的な動作以上の闘いを可能とする。

(1) 第一段階として、基本といわれる武技の姿形を正確にする。

この段階はあくまでも武技の姿形を覚えることであり、力強さないし速さを無理に求めてはならない。これは人間生活の中で身に付けてきた動きとは現象的にも構造的にも異なっているだけに、その武技の動き・働きに忍耐強く慣れることが大事である。初心者が新たに武道空手の武技を覚える場合、従来身に付けてきた力の入れ方をすると、武道空手の武技からは程遠い人間技になり易いからである。この段階は、正確な姿形をとることが肝要であり、そうでないと、後に致命的な結果を生じるので、十分に注意してかかることである。

(2) 次に武技の姿形がほぼ安定してとれるようになったら、その姿形を崩すことなく、速さを求めていく。そして武技になるには、速さに加えて、次第に速さを力強いものにしていくことである。以上を意識的に繰り返すことがまともな武技への上達過程である。この段階における留意点は、次の通りである。

①速さと力に意識を集中しようとするあまり、姿形の不正確さを看過してはならない。

②武技の威力を付けるには、土台の力強さがより一層必要となる。

一般的には、以上の二つの過程を経て武技を修得するのであるが、武技は自らの身体を素材として創出するだけに、一度身に付けると他の武技に変化させることは困難である。それは我々自身が意識を持った人間であり、人間であるからこそ困難であるといえる。というのは一度身に付けた武技を創り変えるには、新しい姿形に創り変えようとする強烈なる意志が必要になるばかりか、身体それ自体が新しい身体の動きを簡単には受け入れないからである。

初心者のレベルでは以上の武技の創出と併せて、対手を目前にして創りつつある武技を正確に使うという修練も行う。この修練の初歩的段階の一つとして武技修練組手というものがあるが、武技を創出する段階での武技修練組手は一見したところ、武技の使用としての武技修練組手のように構成されている。だが、これはあくまでも武技を創ることを目的としての武技を使う修練であることをまともに自覚して実践しなければ、やがてどうにも上達できない己れに気付くことになろう。

木刀同士の「闘嵐」組手

第四章　武道空手の土台（立ち方）

1　武道空手の土台（立ち方）——概説

如何なる武技を創出し、如何に闘うかを媒介にして、まず武技の支えとなる武道的土台から出立する。この土台とは当然に武技としての立ち方である。

我々は日常生活の必要性に応じて人間として完成している立ち方の上に、武道空手としての立ち方、すなわち武技を支える立ち方を創り上げるのである。土台とは一体何であろうか。土台とはすべての事物の基本的存在であり、換言すれば土台なしには何事も存在しえない。それは建築物を、その土台という面から捉えれば簡単に理解できよう。

武道空手とは自らの身体たる手・足を武技化しての攻防による闘いでもある。

この攻防は、実体的にはすべて個々の武技の組み合わせによって行われる。その攻防武技を対手に運び、その武技を有効化する根本的な存在が土台＝立ち方である。如何に見事な武技を持っていても、その武技を現実的に勝負において可能ならしめるのは土台であり、そして勝負だけでなくすべての修練体系において、その武技を有効化するものこそ、まさに立ち方である。

この章では初歩的かつ基本的な立ち方について述べる。

我々は、立ち方とは闘う武技を支える土台である、と本質的規定をしている。だが、このように体系付けた流派は我々の他にはない。それは何故かといえば、我々だけがこの命題について学的解明をし、そして学的方法を踏まえた理論として提出しえたからである。従来の空手界において立ち方とは如何なる位置付けがなされていたのであろうか。一言で表現すれば、経験主義に立脚した自然成長的技として、あくまでも無意識の領域を超えない土台として提出されていたに尽きる。無論このような定義が既存しているのではない。しかし、他流派を見聞する諸々の情況からの客観視からはこのような結論が出てくる。

いずれにせよ、彼等は現象的に型に存在するがままの立ち方を、そのまま見てとるだけに、すなわちここからその見てとった立ち方を、即、空手そのものの立ち方として現象的・構造的に捉えていくのみであり、何故にこの立ち方を必然として要請されているかに全く立ち入ることをせず、従って原点から一歩も前進してはいないといってよい状態である。

以下は日本における最古といってよい空手の書である。空手は、昭和二十年前半までは唐手として知られていた。これはすなわち、唐《カラ》（現代の中国）から到来した武術であるかのように日本でも喧伝されていたことによる（『護身武道空手概論』参照、現代社）。

足の立方には閉足立、八字立、丁字立、前屈、後屈、猫足、踏切、内範置立、三進立等ある……。

（冨名腰義珍『錬膽護身唐手術』廣文堂、大正十四年）

本論は他流派の批判的検討ではないから、それに関わる叙述はここで止める。

2　武道空手の土台（立ち方）の構造

武道の立ち方とは武技を支える土台である。それだけに土台は数多くは必要としない。端的には一つの土台でも十分である。それに関しては我々の周囲の生活全般から具体的に見れば、いわゆる土台と名の付く存在に数多くの土台が複合されたり、或いは一定条件下において交換される事例というのは極めて少ないことが分かる。一つの興味ある事例としては車の土台＝タイヤをノーマルからスノータイヤに変えたりする場合があるくらいである。

これは一体、何を示しているのだろうか。

土台とはこのように上部体に相応した範囲での、強固なる土台があれば、すなわちそれ一つあればそれですべて間に合う、という一つの論理を導き出すことができよう。従って我々が修練過程において第一義になすべきことは武技に見合った姿形での頑丈な土台を創り上げることである。我々が創出する土台は、あくまでも武道空手における土台であり、それ以外ではない。武道空手はその実体的な構造から、武技を創り、かつ使うという二種類の構造によって形成されている。端的に第一に武技を創出する、そして第二に武技を駆使する、である。

さて武技を創ることは、初心者にとって著しく難しいものであってはならない。武技を創る段階では初心者にとって容易な土台が必要となる。だがそれは単に容易に修得しうるという条件のみでは十分でない。武道空手は究極的には武技を創出することだけでなく、武技を駆使することにもある。従って、創出する武技は当然に見事に使えるものでなければならない。

すなわち、すべての武技は究極的には使うことを目的としている。端的には、武技は見事に使いうるものでなければならない。そして、武技は自らの身体で創出するだけに創出する際には誰にでも簡単に創出しうる武技でなければならない。以上、武技は容易に創出でき、かつ最大限に使いうることを基本となすべきである。

3　武道空手における最も基本的な土台とは

さて創出が容易で、しかも容易に使いうるという二つの条件を満たす土台は前屈立たった一つであり、かつ、前屈立はすべての土台の基本的存在である。まず第一に修得が簡単であり、誰でもこの立ち方を長時間持続できる。第二に武技を使うに際してもほとんどの武技が駆使できる。ただ、前屈立は前方の対手には即座に適応可能だが、後方の対手にはやや適応し難い。だが、それは欠陥ではないので別に困らない。

後方の対手に直ちに適応しうる難点を突破するのは後屈立である。この立ち方は前方ないし後方の対手を仮想しており、従って前方・後方ともに適応できる。しかし後屈立の、あの形態を実践的に用いてみるならば大きな困難に気付くはずである。後屈立は黒帯でさえも困難な立ち方であり、まともに立つならば五分間と保持しえない土台である。足腰を十分に鍛え抜いた黒帯でさえそうであるから、初心者にとってはなんとも残酷な立ち方である。

勿論、立ち易く姿形を変えて、結果的に武技（特に蹴技）を使えなくした後屈立は論外である。従って基本技の概念からは大きく逸脱している。後屈立も前屈立と同様ほとんどの武技を駆使できる。この点では確かに同一である。そこで後屈立を基本技と規定できない理由を述べておこう。

まず前屈立を修得してから後屈立に移行するのは容易であるが、後屈立を修得してから前屈立に移行するのは困難である。このことは武技を創出する段階から駆使する段階へと進む場合にクローズアップしてくる問題である。もう少し詳しく説けば、前屈立を基本として修得した人は、闘う場合にそれを後屈立に自在に変化できるが、後屈立を基本として修得した人は「本物の闘い」をなす場合、すなわち武技修練組手以上の激烈な闘いにおいては、それを前屈立に変化することはほとんどできない。

端的には、前屈立→後屈立への技的移行は可能であるが、後屈立→前屈立へのそれは、本物の闘いでは不可能に近いからである。ここにも前屈立を基本と規定する理由が存在する。

前屈立は基本であるという命題に対して次のような諸々の疑問があるだろう。

「前屈立が基本的土台ならば、何故基本修練に四股立・不動立・騎馬立が必要とされるのか」

「〈土台は一つでよい〉という論理からは〈土台＝立ち方〉は前屈立のみでよく、その他の立ち方は不要ということにならないか」

「特に騎馬立は初心者にとって全く残酷な立ち方だと思う。初心者は足腰が弱いといいながら、弱い足腰でシビアな立ち方をさせるのは、相反しているのではないか」

以上は確かにもっともな見解である。しかし、この見解は大切なことを忘却の彼方に追いやっている。すなわち上達の構造を無視した見解だからである。

4　武道空手における土台（立ち方）の一般的な検討

（1）土台は一つでよいという論理から、基本的土台を前屈立と規定した。従って基本的段階として行う四股立・不動立・騎馬立は不合理かつ不要である。
（2）初心者は足腰が弱い。従って前屈立を基本としたのは初心者にとって修得し易いという特質を有する、という理由からも、騎馬立のように修得上困難をきたす立ち方は論理的につながらない。
（1）の問題について検討するのが順序であるが、ここでは（2）の問題から検討したい。

問題の展開は（2）からなされて然るべき根拠が存在するからである。それは何故か。（1）の問題は〈前屈立—騎馬立類〉の関係如何である。それに対して（2）の問題は初心者にとっての騎馬立は何故存在するのか（存在しなければならないのか）である。従って一般的に展開する場合には（1）の問題から究明していくのが必然的だが、初心者にとって理解し易い説明から入る方がよいので、（2）の問題からにしたい。

この問題は〈初心者にとっての騎馬立は何故存在するのか〉である。幾度も述べたが、初心者は一般的には足腰が非常に弱い。従って武道空手の立ち方はそれ自体強固であるべきなのにとても柔弱であるだけに、創出する個々の基本武技の修得には非常にマイナスの作用がある。

具体的には、土台が柔弱である程に、見事な上部の武技は創出し難いからである。それだけに足腰を強固にする必要がある。通常はランニングやうさぎ跳び等が考えられるが、それには相当の時間を必要とする。我々は何よりも見事な武道空手を修練しようとしているのであるから、武道空手の修練過程の中で土台の鍛錬が無理なく実現できれば極めて理想的である。そしてそれが、土台のみならず上部の武技ともどもに同時に修得できるならば、最上の修得形態となろう。

実のところ、このような形態は実在する。すなわちその回答が今問題の対象となっている騎馬立類なのである。

騎馬立類は、柔弱な足腰を一時的に強固な足腰にする。一時的とはいえ、この強固な土台で基本武技の修練も同時に可能なのである。確かに借り物の土台だがそれは最初の頃だけであり、騎馬立類を長らく修練することによって足腰は十分に鍛えられ、徐々に強固な土台と化していく。そして、土台が強固になればそれに相応する姿形で、上部の武技も力強く鋭いものとなってくる。かくして土台と上部構造たる武技との相互浸透という形態をとりながら、見事な武技を形成していくことになる。

要するに、初心者にとっての騎馬立類とは武技を創出するに不可欠な土台が存在しない段階で、一時的にせよ強固な土台を採用することによって見事な武技を創る基盤とし、かつその一時的な土台そのものをも、その姿形をとり続けることによって強固に仕上げ、かくして見事なる基本武技を修得することが可能となるとの二重性を持つ立ち方なのである。

加えて大事なことは、初心者は最初から騎馬立そのものを修得するのではなく、四股立↓不動立↓騎馬立という騎馬立類としての段階を経て、過程的に土台の確立を行うのである。それは最も安易な立ち方から徐々に困難な立ち方を修得することによって、である。理由はそれぞれが初心者の土台の丈夫さの進展のレベルに応じた立ち方として構成されているからである。

具体的には、九級（白帯）は四股立、八、七級（紺帯）は不動立、そして六級以上（緑帯以上）が騎馬立となっており、騎馬立で修練可能なまでには約半年の期間が存在している。

（1）の問題に移る。（1）は〈前屈立―騎馬立類〉の関係如何であった。これにはおおむね次のような批判があろう。前屈立が基本であるならば、その場突等の基本武技の修練もすべて前屈立で行えばよいではないか。然るに初心者にとっては最もシビアな騎馬立類で基本武技の修練を行うとはどういうことなのか、である。初心者にとっての騎馬立類の効用ないし目的は十分に検討されており、故に騎馬立類の重要性は明らかなはずである。

となると、ここで問題になるべきなのは、前屈立でその場突を行う場合と騎馬立類でその場突を行う場合とでは、どちらがより見事な武技となるか、という問題である。結論は後者の方がより見事なる武技となる、が正解である。

それは前屈立と騎馬立類を比較した場合、かかる形態から騎馬立類の方が土台それ自体としては強固であるという原因から生じる結果である。つまり騎馬立類は最も固定的かつ頑丈的な働きを示すから、その土台をとる初心者の足腰が、仮に著しく柔弱であるにせよ一時的に強固な力強い土台として働き、固定化することができるからである。従って初心者が入門した後、前屈立でその場突を行った場合と、騎馬立類で行った場合とでは突技それ自体の完成度に時間的に大差が生じる。これは何十年もの実験済みであり、実証されていることである。

5　基本武技修練に関わる土台（立ち方）の方法及び種類

立ち方は、すべて初心者クラスで修得する基本的なものである。

一　**前屈立**

この立ち方は横幅を自分の肩幅弱程度、長さを肩幅の約一・八倍弱とする。

前足は脛が地面になるべく垂直になるようにし、膝は外側へやや張るようにする。この場合前足の小指側の線が真っ直ぐになる。後足は膝を伸ばし、前足となるべく平行に向くようにする。腰は外側に開かないようなるべく前に向ける。前足対後足の重心の割合は約五・五対四・五とする。

二　**四股立・不動立・騎馬立**

この立ち方は横幅を肩幅の約一・八倍弱にするのが正しいが、初心者はまず肩幅から始めるのが望ましい。各々の足の向き、開き方で各々名称が変わる。

四股立は足先を外側に各々約三十度弱開く。不動立は両足の内側をほぼ平行にする。騎馬立は足の外側をほぼ平行にする。土台は当初は少し（約二十センチ）腰を落とし、膝を外側に張り加減にして、慣れるにつれて少しずつ腰を落としていく。最後には（約半年後）前傾にならぬよう胸を張り、胸が腹部より前に出ないこと。

三　**八字立**

この立ち方は足を肩幅程開き、各足を外側に約三十度開く。入門したての時にその場突を修得する立ち方であり、後は武技型で使われる。

四　結び立・閉足立

この立ち方は用意の姿勢に使われる。結び立は最初の立ち方で、踵を付け、爪先を六十度弱開く。閉足立は読んで字の如く、両足の内側をピタリと合わせる。

五　後屈立

これはほとんどの流派で基本立として使用されている土台であるが、我々の場合は、茶帯クラス以上が〈文化遺産〉的に用いることにしている。

足はほぼ肩幅くらいを前後にとり、前足の爪先は前方へ直線上、後ろの足の爪先は直角に横へとる。腰は後足上に垂直に位置する。後足対前足の重心の比は六・五対三・五とする。

最後に、立ち方がまともに闘いに役に立つための簡単な学びを説いておく。

①後ろ回し縄跳びを大きく、かつゆっくり、加えて最初は右手を主に力強く大きく、次は左手を主に力強く大きくして、五回回し単位で行う。

②単純な取っ組み合い投げを、ゆっくり行って、投げを半ばくらいで止めて、相手を支える。これもまずは左手を主に、次は右手を主に行う。

③次の歩き方を左右一足幅分、前後一足長分拡げながら、次のように変化させて行う。

㋑右足強く、左足弱く、左足強く、右足弱く。次第に出す足に体重を加えていく。

㋺大股歩きを四方八方へぎこちなく酔っぱらいのように倒れるようにしながら、倒れないように行う。

㋩坐って、すぐに立ち上がりながら大きく足を出して歩き始める（左右）。

㊁ゴロ寝から起き上がりながら大きく足を出して歩き始める（左右）。

木刀同士の「闘嵐」組手

第五章　武道空手の闘う間合とは

1　武道空手の闘う間合とは何か

攻撃武技及び防禦武技ができる段階に上達すれば、いよいよその武技の使い方へと進むことになる。武技を使うとは、現実の闘う対手に対して自分の武技が有効に使用される距離にまで武技を運んで、対手に武技を駆使し、かつ当てることである。対手にこの武技が有効に使用できる距離を間合と呼ぶ。この間合は、一刀一足の間合として剣の道でよく知られている。

だが、他の武道、特に空手と柔道ではないがしろにされてきている。理由は諸々だがそれは置くとして、いわゆる間合は直接に実体として存在しない、すなわち直接に見えるものではない。間合とは武技の有効距離、すなわち空間の切断そのものでしかないのである。単純な走幅跳びですら、その目に見える一線を上手に踏み切れずにファウルしてしまう例を見受けるが、武道ではこれが目に見える形として存在しないばかりでなく、対手の動きに合わせて自ら直接に、その闘いの場で創り出さねばならない点に困難さが横たわっている。また間合は、攻撃間合と防禦間合に分けられるが、闘いにおいては、次の間合の使い方が一般的である。

①自分から間合をとって武技を出す。
②対手が間合に入ってきたので武技を出す。
③互いに間合を求めていく。
④追い込んで間合に入ったから武技を出す。
⑤対手が間合をとってきたので間合をはずす。

いずれにせよ間合そのものがいわゆる実体武技レベルに〈武技〉化されて初めて正しく有効な使い方が可能となるのである。実際の勝負において自分が間合をとろうとした時に、同時に対手から見ても同じく間合に入っている可能性がある。これは有効間合になってから、その時点において意識して武技を出すのでは遅いということもありうるだけに、ここには相当の修練が望まれよう。

それ故我々は、自分の間合に入った瞬間に武技が出せるような、そして自分の意識で間合をとれるような訓練をしなければならない。そのためには、間合を自分の個々の武技と一体化してとれるよう努力しなければならない。

2　武道空手の闘う間合の武技化

武道空手には間合の異なった攻撃武技、すなわち突技ないし蹴技が存在する。間合とは簡単にいえば自らの武技の有効距離であるから、突技と蹴技とでは蹴技の間合の方が長いことは明らかである。これは簡単な理由であり、手よりも足の方が長いからである。

従って一般的には、長い蹴技の間合から闘いは始まるといってよい。かかる見地から、突技は、蹴り損じたか、または蹴技が出せなかった結果として間合が突技の間合に変化した場合に、或いは対手の攻撃武技を受けて間合が突技のものとなった時点で、出番がやってくることになる。

攻撃武技は対手に有効に当てることを本分とする。つまり、攻撃武技それ自体が如何に見事に完成しても、闘う相手に当てられないのでは、その用をなさないことになる。逆からいえば、対手に攻撃武技の間合をとらせぬことが敗れない秘訣である。反対に、武技が当たる距離よりも近付き過ぎる時は、対手からの攻撃も同時に行われる可能性、危険性も存在している。それだけに、攻撃武技の有効間合は、その武技が伸びきる前に対手に届く距離で創らなければならない。

防禦武技の間合は、防禦それ自体が武技化しにくいこと、もしくは攻撃武技の鋭さにより多少変わることから、攻撃の有効距離プラスα（約十センチ）を防禦武技の基本の間合とする。

少し言葉を換えると、間合とは、目に直接見える姿形で存在するのではなく、自分の闘いの場においての個々の用いる武技といわば合体してのみ存在する。それ故間合の武技化は、武技を駆使する形態の下でのみ行われることを分かっておくことが大事である。もっともこれが十分に行われた後は、観念的に間合を試みることも結構である。

初心者の場合、この基本は武技修練組手の形態として行われる。それだけに武技修練組手を意識的にかつ回数を重ね続けることにより武技レベルに仕上げる必要がある。但し初心者においては、武技をあくまでも正確に出すこと、そして対手の武技をよく見るということが最も重要であるだけに、通常の距離よりも少し離れた距離（すなわち武技を出しても対手に当たらない距離）での修練が過程として大切である。

上級に移行するにつれて正しい間合による武技修練組手に移行していくことになるが、より上級向けとしては適正な間合を少しずつ縮めるべく努力していくことが望まれる。

3　武道空手の闘う間合の個別的修練

ここでは一般的な形で概括しておく。
（1）有効間合をとってから武技を出す。
①突（順突・逆突）の間合
②前蹴の間合

③横蹴の間合
④廻蹴の間合
＊手刀の間合は突の間合に準ずる。

（2）有効間合をとりながら武技を出す。一歩踏み込み武技を出す。
①追い足順突の間合・追い足逆突の間合
②順り足順突の間合・順り足逆突の間合
③順り足前蹴の間合
④順り足横蹴の間合
⑤順り足廻蹴の間合
⑥追い足前蹴の間合
⑦追い足横蹴の間合
⑧追い足廻蹴の間合
＊突技は追い足から。蹴技は順り足から。

（3）同格一本組手で使われる自由な距離から間合をとって武技を出す。
＊これは三級以上である。

4　有効間合を武技化するための階級に応じた修練過程

以上の項目を具体的な各々のレベルに応じた修練過程として以下に示す。

（1）五、六級　追い足順突
（2）四級　　順り足順突・追い足順突・順り足前蹴
（3）三級以上　順り足順突（逆突）・追い足順突（逆突）・順り足前蹴（横蹴）・順り足廻蹴
　　　　　　等

なお土台についていえば、
（1）、（2）は主として武技を創出するための前屈立
（3）は武技を駆使するための前屈立
以上はあくまでも間合を武技化するための修練過程である。従って第九章の武技修練組手とは若干のズレがあることに留意されたい。

従来、そして現在を含めての従来、間合をどうとるかは個々人の自然成長的創出にすべて委ねられていた。その結果として、昔々の名人ないし達人の類いに代表されるように、運と才能に恵まれた僅かな人のみが達人の境地へ到達したといってよい。

だが、である。然るに、である。現実的な勝負においては、勝敗を規定するのは自らの秀技なるものが、本当に決まっていくための距離たる〈間合〉である、と断言してもよい。それだけに、自らの間合たる武技の有効距離に関しては闘いに用いる自らの必殺・必倒技くらいに、間合の研究、修練をなすことは大事なことなのに、誰もがその一般的な修練を説くことも実践することもなかったのである。

繰り返し説くが、間合とは一般的には武技の有効距離である。これは何を意味するかが問われるべきであろう。端的には、如何に見事に創出された武技であっても、武技の駆使においては武技それ自体が自然に、無意識的に運動して対手に当たるわけではない。それは、その武技を駆使する人が自らの意志で駆使するのであり、過程的には武技の土台の運用が必要不可欠となる。

ここに武技（個々の武技）―土台（の運用）―間合という三者の連関関係が厳然として存在することを分かることが大事である。すなわちこれらは、三者相まって一体化しえて初めて自らの攻撃ないし防御を可能とするものである。だが、これら三者は実体として現われるにせよ、観念的に現われるにせよ、武技という一般的な観点からは目的意識的に創出する（創出しなければまともな勝負にならない）、という共通性を有しているのである。

それにしても、である。歴史上この問題を、「一刀一足の間合」以上には誰もが説いたことがないのは、まことに不可思議なことである……、と最後に述べておきたい。

木刀同士の「闘試」組手

第六章　防禦武技

1　防禦武技とは何か

防禦武技とは、一般的には対手の攻撃武技を防ぐ武技である。防禦武技は基本的なあり方としては身体の上部を用い攻撃武技を自分の身体に当たらぬように外側に払うことによって無効にする武技である。すなわち防禦武技とは攻撃武技たる相手の身体に直接に当てることによってそれを無効にしたり、攻撃武技を自分の身体外へ捌くことによって、無効にしたりして、身体を護る武技であり、従って己が護身を全うする武技であり、極めて重要なる武技である。だが単に攻撃武技を受けてそれを無効にするのみならず、それが同時に自らの攻撃機会を生ぜしめる契機とすることにより、防禦が直接に攻撃に結び付く武技こそが最高の防禦武技といえる。

また防禦武技は各人の身体力ないし体格の相違から生ずるハンディキャップを乗り越え、身体力のない人や或いは身体の小さい人にも勝負における有利性を与え、それらに精神的余裕を持って勝負に臨ませ、如何なる人に対しても、より積極的に自らの護身を見事にする可能性を与えるものでもある。

武道空手の勝負は究極的には自らの全人格を賭した闘いである。従って一般的に、勝負の場において意図的に駆使される攻撃武技は、対手をこの一撃で倒すというような強固なる意志を基にして行使されるといえる。このような強烈なる意志で行使される攻撃武技は、見た目には仮に威力のなさそうな武技であるにせよ、つまり、素人の喧嘩における拳《コブシ》、すなわち武道空手の武技とはいえない拳であるにせよ、十分に対手にダメージを与え、時には対手を死にいたらしめるだけに、相当以上の威力を持つものである。

従って武道空手の武技として見事に仕上がっていればいる程に、このような威力は計り知れぬといっても決して過言ではない。ましてや、このような武技は急所を意図的に狙って駆使されるのであるから、武技をまともに食らうことは生命を落とすか、身体障害者になる結果を生ずる。

このような場において自らの生命を護るための第一義の存在は、今ここで叙述している防禦武技なのである。要するに、生命賭けの勝負においては一旦遅れをとったならば対手の攻撃武技を食らわぬようにすることが大事である。

一　防禦武技修得時に体捌きを用いることの欠点とは

攻撃武技を食らわないための手段として攻撃武技の有効範囲外に身体を移すいわゆる「体捌き」がある。この体捌きは非常に有効なる技であるが、これを初心者は最初から学んではならない。何故なら、体捌きは肝心な防禦武技それ自体を疎かにしてしまう構造を内に含む。

何故であろうか。防禦武技そのものに頼らないで、単に身体を移動するのみで、ある程度の効果があるために簡単に対手の攻撃武技を防禦しうる体勢となる。これは一体何を意味するかというと、初心者の段階において最も大切である基本防禦武技を創出することを怠けることになる。だが事はそれだけではない。この段階で防禦武技を武技化することを放棄して体捌きに頼るならば、対手の攻撃を真っ向から受け止めようとしない、逃避的な精神が養われることになり、結果として、自分の修行する武道空手のすべてにわたって逃避的かつ消極的になる可能性が大だからである。従ってこの段階で体捌きを中心とした防禦方法は学ぶべきではない。

二　防禦武技は攻撃武技を有効にするために

防禦武技が単に攻撃武技を受けるためでしかない場合には、それはあくまでも受身でしかなく、一方的に傷つき易く結果として負ける可能性が大きくなる。従って防禦武技は単に受動的な防禦武技に止《トド》まることなく、自ら攻撃するための防禦武技として捉えておかなければならない。そしてこのことこそが、体力なき者や或いは身体の小さい人でも勝つ可能性が出てくる。

少し詳しく述べておこう。体格差が著しい場合に、一般的には身体の大きい人の間合が大きい。従って身体の大きい人が自分の間合をとって攻撃してくるかぎり、身体の小さい人は自らの攻撃の間合をとることは非常に困難となる。すなわち身体の大きい方のなすがままになり易い。だが、ここにこそ防禦武技の有用性が出現してくる。というのは防禦武技が存在すれば、攻撃武技を防禦することにより、自らの攻撃の有効間合を確立することが可能となるからである。

攻撃武技を受けるということを解明してみれば、それは攻撃武技の辿る軌跡を防禦武技によって意識的に変更し対手側の体勢を崩すことである。この場合に体勢が崩れるということは、単に身体的な側面のバランスが崩れるというだけでなく、精神的な側面のバランスをも同時に崩すことにつながる。具体的には、自らの攻撃体勢がその途中で崩されるのだから、それに伴う精神的な動揺が多少なりとも存在する。何故なら自らの意図（攻撃）に反した行動を強いられることにより、強いられた行動に対する判断を強いられることになる。そして攻撃体勢を阻まれようとした場合、自らの体勢の崩れを早く正すべく意志が働き、再び彼の体勢が整えられるまでは、次の攻撃武技は出されることはない。

2　防禦武技の修得過程

防禦武技は、究極的には生命賭けの勝負に臨む武技として、自らの身体を素材としながら新たに創出するものである。防禦武技を見事に創出する段階として、以下を繰り返し行うことが大事である。

一　その場での防禦武技

防禦武技の土台である前屈立をまず正確にかつ力強くとり、半身《ハンミ》になりながら、拳ないし手刀だけはしっかりと固めるが武技のスピードないし力は極力抜き、防禦武技の姿形＝軌跡を正確に辿り、それを覚えるまで繰り返し行う。肩や肘等に入る余分な力は極力抜き、自らが辿る武技の軌跡が正確であることを確認しながら行うのである。

次に正確な姿形を覚えたならば速さないし力を加えていく。また、同時に、直接攻撃武技に当てる部位、具体的には小手と手刀の部分（前腕の先三分の一の範囲）であり、小手と手刀を別途に巻藁等で鍛えておく必要がある。半身とは土台すなわち下半身は正面を向けたまま、上体を斜めに向け正面と一肩の線が約四十五度になるように保つ。腰は本来的には正面を向くことが望ましいが、上体を捻った結果、構造的に若干横を向く結果になる人もいる。

（1）防禦武技＋逆突

個々の防禦武技がある程度ものになったなら、防禦武技の後に逆突を行う。この修練は攻撃するための防禦武技の修練の第一歩である。前屈立をしっかり取り、個々の武技をその正確な姿形を保ちながら、スピードと力を入れていかなければならない。

（2）三段受、五段受

個々の防禦武技が可能になったならば、連続してそれらを修練する。これを三段受ないし五段受と呼ぶ。まず第一に、三段受はその順序から述べると上段受―下段受―中段受であり、それを順番に三動作を繰り返す。五段受は上段受―下段受―中段内受―中段外受―手刀順打の順序に五動作を繰り返す。個々の武技はあくまでも正確に行う。土台は前屈立であり最初の構《カマエ》は下段構である。

（3）三段受＋逆突（三段受＋前蹴）、五段受＋逆突（五段受＋前蹴）

二　防禦武技修練過程において恐怖心と向きあうこと

攻撃武技はほとんどの場合威力が発揮されるのが普通であるが、防禦武技は攻撃武技に比べ使い難いために、攻撃武技と同程度の修練では攻撃武技を受けきる武技はできあがらない。従って威力ある攻撃武技を防禦側が受けようとしても、攻撃武技に比して威力の劣る防禦武技であるかぎり、受けきることは難しい。これは防禦側の心的状態からもいえることである。

一般的に初心者の場合、攻撃武技を受けるというその行為自体が緊張状態を生じる。これはつまり、対手の攻撃武技を受ける場合の攻撃武技への恐怖心からである。それだけに攻撃武技を十分に直視できずに防禦することになる。その結果、恐怖心が防禦武技にも反映し、姿形としては全く中途半端な防禦武技となり、対手の攻撃武技をまともに受けきれない。

それで、防禦武技について悲観的に考える人も少なからず出てくる。だが、攻撃武技ないし防禦武技の構造をしっかり認識しさえすれば大丈夫である。

攻撃武技はその武技の伸びきる手前約十センチから完全に伸びきるまでの、いわゆる決め以外の過程ではそれ程の威力はない。故に決めが行われるその空間に身体を置かなければ、攻撃武技は威力がなくなるのである。この空間以外の場所で受けるならば容易に受けることが可能となる。更にこの防禦武技を使うことによって対手の体勢を崩せるだけに、防禦武技を使用することの有用性が理解されてこよう。

三　防禦武技修得に武技修練組手は必須である

防禦武技は攻撃に対する武技であり、攻撃武技を熟知することなしには駆使しえない武技である。つまり、個々の攻撃武技の軌跡を見て覚え、かつ実際に自ら受けて分かっていくことが大事である。すなわち防禦武技は武技修練組手なしには駆使しえない。防禦武技に熟達するにはある時期以後は武技修練組手の修練を積極的に行う必要がある。攻撃武技の素材である手・足には多数の急所があり、これらに正確な力強い防禦武技を当てることによって、防禦武技を直接に攻撃武技として用いることが可能となる。

3　防禦武技の種類及び方法

勝負においては対手の攻撃武技を当てられてはならず、かつ確実に受けなければならない。一般的に攻撃武技の場合は対手の急所に当てればそれで終わるが、防禦武技は攻撃武技に比して単純ではない。つまり、防禦武技は攻撃武技より複雑である。

防禦武技の場合には、対手の攻撃武技に当てただけではなんらの意味も持たないのであり、攻撃武技を自分の身体に当てさせないように受けきることが必要になる。また攻撃武技は例えば中段突を武技化したなら同じ姿形で上段ないし下段にも使えるのであるが、防禦武技の場合は中段受を己がものとしても、同じ姿形で上段ないし下段には使い難い。

これは一つの防禦武技でもって身体全体を防禦することは不可能であることを示す。身体全体を防禦するためには防禦しうる範囲を幾つかに区切り、そこに最も適した防禦武技を修得しなければならない。以上、防禦武技は、上段（首から上の部位）には上段受、中段（肩から水月までの部位）には中段受、下段（水月より下の部位）には下段受を採用している。

一　下段受の姿形

左下段受は、予め左前屈立をとり、左拳を右耳近辺から拳一つ分程度横の位置に掌部が耳の方を向くようにして振り上げる。同時に右拳は掌部を上向きにし添手《ソエテ》の動作をとる。この場合は半身である（防禦武技はすべて半身）。

次に左拳を前述した位置から大腿部上に手を拡げた長さの位置まで振り下ろす。受技終了後の位置は、拳が大腿部を二等分した外側の位置から、大腿部より拳一つ分までの範囲の場所へ置く。防禦と同時に右拳は引手の所定位置まで力を込めて引く。受け始めの振りかぶりは、力強くスピードを付ける。仮に対手の蹴技に対して自らの受技が間に合わなかった場合に、蹴技それ自体をすくい上げることが可能となるためでもある。

二　上段受の姿形

左上段受は、予め左前屈立（半身）を取り、左拳を左脇腹帯の少し上の位置に、同時に右拳は掌部を上向きにし、添手の動作をとる。

次に左拳を右顎下十センチ強の位置に、顎あたりから小指が外を向くように前方上段へ突き上げる。この位置は左拳が右頭部側面上にほぼ一直線であり、前腕の肘から三分の一の箇所が目の高さ、前腕の中程と頭部との距離は手を大きく開いた間隔である。また、前腕と地面との角度は約四十五度であり、正拳掌部正面の角度は上向き約四十五度である。防禦武技と同時に添手たる右拳は引手位置に。修得上の留意点は、受技は肘の力で受けるのではなく、あくまでも拳を突き出す力で前方上段へ突き上げる（受ける）、添手は所定位置まで力を込めて引手にとること。

三　中段受の姿形

左中段受は、予め左前屈立（半身）を取り、左拳を上段受技の完了の位置より若干横の位置に振り上げると同時に、右拳は添手の用意をする。

次に、左拳を捻りながら四十五度の角度で自らの顔の下面を通りつつ受けるが、これも、拳の力で受ける。受け終わった拳の高さは肩の高さであり、自らの上体を水月より上部くらいまですべて防禦できるようにしなければならない。前腕と上腕の創る角度は約百度である。右拳は引手の所定位置まで力を込めて引く。修得上の留意点は、肘を下ろす力ではなく、拳を振り下ろす力で受ける。また手首が曲がらぬようにする。

四　中段内受の姿形（これは上級者用である）

左中段内受は、予め左前屈立（半身）をとり、左拳を掌部下向きにして右脇腹帯の位置にとる。右拳は添手を取る。上体は半身である。

次に左拳を捻りながら肘を軸として左肩の前まで運び、左拳は肩の高さとする。この肘の角度は約九十五度である。同時に右拳は引手の所定位置まで力を込めて引く。修得上の留意点は、捻る拳に力を込めて拳の力強さで受けること。

五　手刀順打の姿形

左手刀は、予め左前屈立をとり、左手刀を下段受の場合の左拳よりも高い位置、つまり頭部右斜め上に振り上げる。掌部は右側頭部に向ける。同時に右手は添手として拳の形のまま所定の位置に置く。上体は同じく半身である。

次に左手刀を捻りながら、肘も手刀そのものも大きく軌跡を描かせるようにして、力強く振り下ろす。手刀終了後の位置は、左体側の真横とする。この場合掌部は床と約四十五度の角度とする。添手は同じく引手の位置まで力を込めて引く。修得上の留意点は以下である。

①手刀を振り上げる時に目を隠さない。
②振り上げを豪快かつ大きくする。
③指先に意識を集中する。
④肘が顔をあまりよぎらぬようにする。
⑤あくまでも力強く豪快に打つ。

この武技は攻撃武技では攻めに使用するのであるのに対し、ここでは受技に用いる。

これと類似の形態を持った「手刀受」と称される技が他流派にあるが、これを我々は「手刀《シュトウ》構《ガマエ》」と称する。

木剣との「闘嵐」組手

第七章　攻撃武技（含武技化部位）

1　攻撃武技とは何か

武道空手は、武技化した身体による生命を賭けた勝負の道である。勝負においては、武技化した身体を用いて対手の急所に当てて対手を倒すために行うのが攻撃武技である。但し、勝負は日常的に行うものでは決してなく、必要となれば、生命賭けの勝負に耐えうるレベルとして武技化された技を攻撃武技という。攻撃武技は、大きく手技と足技に区別される。

前者は両手を素材として創出され、後者は両足を素材として創出される。基本には手技に正拳突、手刀打があり、足技に前蹴、横蹴、廻蹴がある。

手技と足技は攻撃武技としては同一性であるが、各々の特殊性がある。まず同じ修練を積んでいくならば、手技は足技に比して武技として創出される期間が相当に短い。それは何故であろうか。端的にいえば、日常生活では両手の方が両足に比べて目的意識的に訓練されているからである。これは我々の普段の生活を見るなら簡単明瞭である。両手は両足に比べて常日頃から、かつ朝に夕に様々な動きをさせられているからであり、また、生理学的に見ても両手の神経系は両足のそれに比べてすこぶる発達しているからでもある。結論的には、両手の方が意識の集中が簡単で、武技になり易いということである。「試してみれば分かる！」である。

武技を創るには、まず第一に姿形をとることから始まる。だが、手技は両足を全面的に土台として用いるのに対して、足技は片方の足しか土台としては使えない。これは土台が頑丈であるという安定性の面からも、手技の方が足技よりも武技として創出し易いのである。

次に、武技として創出した場合は、威力という面からは手技より足技の方が勝っている。それは何故かというと、足の方が形態から見ても手に比べて長くかつ太いからである。また、間合を比較しても足技の方が大きいのである。最後に、手技が身体の中程か、或いは上方から繰り出されるのに対して、足技は下方から用いられるという点は分かるであろう。

一般的に攻撃武技は対手の急所を狙って繰り出される。急所とは鍛えることが不可能である身体の箇所であり、当てられれば軽くても障害にいたる身体の箇所である。ここで、次のような素朴なる疑問があろう。攻撃武技は対手の急所を狙うものである。そして急所とは鍛えようのない身体の弱い箇所ならば、何も攻撃武技は威力がなくても十分なのではなかろうか、と。

これは、当然の疑問である。またこれは少林寺拳法界から武道空手に対して出される疑問でもある。これに対しては、武道空手を具体的に体験している人なら、次のように答えるだろう。

確かに先程掲げられた大前提（すなわち一般的に攻撃武技は対手の急所を狙って繰り出され

る）と、小前提（急所とは身体の中の鍛えようのない弱い箇所である）とを合わせてみれば、純論理的には、攻撃武技は威力がなくても十分である、という結論となろう。だが、この結論は誤っているのである。理由は、実際の勝負において対手は黙って攻撃されるのを待っているのではない。対手はこちらの攻撃武技を必死になって防禦しようとする。そればかりか、対手にしても攻撃するものである。従って攻撃武技は対手の防禦武技を無効にする威力が必要なのである。「攻撃武技はより鋭く、より威力のある武技でなければならない」、と。

この回答は正しい。現実的な勝負を考えてみれば（自らに一度でも試合の経験があれば）、この疑問は提起されなかったと思う。以上を現実として概括すれば、実際の勝負では対手側はこちら側の攻撃を全面的に受け入れるわけではない。つまり黙って攻撃させてくれるわけもなく、対手も必死になって防禦体勢を取り、こちら側の攻撃武技を無効にしようと努める。

攻撃武技としては防禦されないように、もしくは仮に防禦されても防禦体勢を突破せしめ、攻撃武技が有効となるような強靭さでなければならない。それだけではない。攻撃部位を急所へ向けて、武技を出しても、急所に当たらぬこともありうる。その場合には次善として、次の攻撃への足掛かり程度でもダメージを与えることを必要とする。故に攻撃武技は鋭く威力のある武技でなければならない。攻撃武技は威力のあるものでなければならないと述べたが、巻藁突は、正拳等の攻撃部位をより強固に、より威力あるものにするという意義を持っている。

2　攻撃武技の修得過程

武技とは何か。それは武技一般という本質的な概念である。つまり武技とは姿形としてしか現象しない。我々が武技として訓練するのは、あくまでも姿形として現わされたそれでしかない。これは武道空手の武技の修練においては、第一に武技の姿形を覚えなければならないということである。一度身に付いてしまった武技はモデルチェンジが極めて困難であり、不可能に近いからである。端的には、武技の再構築とは、別の武技を再び創出すること、すなわち新たな武技を覚ええ込まなければならない。この時に以前覚えた武技は、人間技が最初に空手武技を邪魔した以上の強烈さでもって邪魔してくることになる。肝要なことは、武技を構築するには最初から最高の姿形を身に付けなければならないし、武技の正しい姿形を覚えたなら、我が身体へなじむように徐々に速さないし力強さを加味していくということである。

武技を創出する場合の土台は、正拳突はまず八字立、そこから四股立、不動立、騎馬立である。その後に前屈立で行う。それに対して、他の武技は初めから前屈立である。武技を創出する場合、最初は立ち方そのものを移動させない定位置で修練を行う。簡単には、土台を移動すれば意識が集中できず、攻撃武技に対する意識が不十分となるだけに、攻撃武技が仕上がりづらいからである。

ここで武技を創出する場合の具体的な方法について説いておく。

足技は武技を出した時点において、支えが残りの一本の足となり極めて不安定となる。特に足腰の柔弱な初心者はそうである。前蹴をやれといわれたところで、片方の足そのものを支えるのに精一杯であり、肝心な前蹴には意識を集中できないというのが通常である。

そのような辛さに耐え抜かなくても、前蹴修得の方法はしっかりあるのである。それは、何か物に摑まったり、人に摑まったりして行う方法である。これは足腰の弱さを一時的に他の土台の助けで力強い前蹴を行うことが可能となる。何かに摑まって可能となった前蹴は、この修練を意図的に繰り返すことによって身体それ自体が無意識的にも武技が出せるようになっていく。

後は、摑まらなくとも自らの土台で、しかも豪快なる前蹴を出すことが可能となる。いわゆる第三者（物）に摑まって行う修練と自力で行う修練との間には、境界線はないだけに、前者から後者への移行は徐々に行うことになる。

その場での武技がある程度できた段階で、立ち方すなわち土台を移動しての修練も開始する。この時期は、土台にある程度意識を集中しても攻撃武技が崩れなくなっているからである。但し、指導者の十分な指導下で行うのでなければ簡単に崩れてしまう。これらがいわゆる順突・追突・蹴込等である。この段階では特に土台をまず運び、次に上部の武技を出すという原則が必須である。勿論これは、突技の移動における注意である。移動それ自体のみ、或いは当てることとそれ自体のみに意識を集中することは厳に戒めなければならない。

3　攻撃武技の種類及び方法

一　正拳突

正拳突は対手に対して拳頭がほぼ直線的な軌跡を描く武技であり、手技としては最大の威力を発揮しうる。

（1）正拳の握り方

人差指から小指までの四指を揃えたまま指の付け根に近く指先を付けるようにして折り曲げ、その上に親指を曲げて重ねる。親指は人差指と中指を押さえるようにして力強く握り込み、親指の指先は折り曲げた中指の半分の位置までかかるように握る。拳は手甲の線と指の線の創る角度が直角以内になるようにする。対手の急所に当てるのは人差指と中指の付け根の関節部分であり、かかる部位を拳頭と呼ぶ。

指の関節が硬くて拳を正しく握れない人や、拳頭よりも指の第二関節が出る人がいるが、これらは、腕立ての姿形での「拳立て」を行うことで、拳の握りがしっかりとなっていくものである。

（2）正拳突の動作

手甲を下にした正拳を脇に付ける。この動作を引手というが、この引手の位置は、〈気を付け〉の姿勢で肘が脇腹に当たる位置で、身体の真横から見た場合に拳を身体の半分程まで引いた位置である。この場合には手甲は下向きに水平である。

次は突技の動作に入る。肘が外側へ出ないように脇をこするくらいにして、直線的に前方へ正拳を出す。正拳は甲を下にしておくが、伸びきる三分の一手前で拳を内側に回転させ始め、手甲を上向きにしながら突く。突く高さは自分の乳の高さであり、左右それぞれの突技の位置がある。

（3）チェックポイント

①正しい引手をとっているか。
②突の軌跡は曲がっていないか。
③拳は突き終わった後、曲がっていないか。
④自分の乳の高さを突いているか。
⑤拳頭（人差指と中指の付け根の関節）で突いているか。
⑥拳頭に力を込めているか。

【基本突技修練　その一】その場突

「その場突」はまずは八字立、そこから四股立、不動立、騎馬立、更には前屈立をとり、土台を移動しないで左右交互に突く基本武技である。ここでは騎馬立で行う場合についての具体的な練習の行い方を解説しておく。二人組で行う場合は一方の号令で十本単位で行い、もう一方がその場突をチェックするようにして行うことを繰り返す。

①用意の姿勢をとる。
②左足を左に出し、気合とともに騎馬立での構をとる。その時の上体技は、右手は中段を防禦できるように添手をとり、そこから引手をとる。左手は引手をとり、正拳突を行う。
③その場突を然るべき回数行う。
④最後の突の際に気合を出す。
⑤左足を右足にそろえ、直る。

その場突のチェックについては、実際に練習する際には突技のチェックポイントを目で見て、かつ、相手の拳を上下左右に揺らしてみたり、突側の突き終わる位置の目標となるように手を置いてみたり、引手をとる際の肘の位置に手を置いて、しっかりと肘に意識を込めて十分にできているのかを身体に触ってチェックすることなどを指すものである。また立ち方も、正確な姿形や踏ん張り度、等々を互いが厳しくチェックし合うものである。

【基本突技修練　その二】順突

順突とは前屈立をとり、前足に十分力を込めながら同時に前足と同じ側の突を出す技である。

【基本突技修練　その三】逆突

逆突とは前屈立をとり、前足に十分力を込めながら同時に前足と反対側の突を出す技である。

【基本突技修練　その四】追突（追順突・追逆突）

追突とは前屈立をとり、後足を一歩前に出して前屈立になると同時に移動した足と同じ側の、或いは反対側の突を出すという移動を加えた技である。この武技には追順突、追逆突がある。

二　手刀打

手刀打はその軌跡が力強く弧を描くことに特色がある。これは攻撃武技でありながら、そのままの姿形で防禦武技としても使いうるという点において、攻防一体の技としての構造を持つ技である。だが、この点は他流派の空手では自覚されていない。しかし、手刀は勝負の形態が大改革されることになる程に重要な存在である。十分なる修練を望んでおきたい。

（1）手刀の姿形

人差指から小指までの四指を揃えて伸ばす。但し中指は軽く曲げる。親指は力強く曲げて手の平の中程に付ける。

対手の急所に当てるのは小指側の手の平最下部位から、小指の付け根までの約三分の二（いわゆる感情線付近）の部分であり、これを手刀という。

（2）手刀打

〈一の打〉

手刀を頭の斜め上方位置（手刀打の腕と同じ側）へ高く、腕は豪快に伸ばすが、肘は軽く曲げておく。手甲は身体に対して内側になる。すなわち右手刀であるならば右内側、左手刀であるならば左内側。

自分と等身大の対手の「こめかみ」を通過するようにし、斜め前方に大きく振り下ろす。この場合、手刀を返す（手を捻る）のは打ち下ろしながら徐々に、である。振り下ろした手刀の位置は腕とは逆位置の帯（腰骨）のあたりである。右手刀ならば左腰骨、左手刀ならば右腰骨の横側となる。

〈二の打〉

手刀を頭の斜め上方位置に（手刀打の腕と反対側）に高く、腕は豪快に伸ばすが、着眼を妨げられないように肘は軽く曲げておく。手甲は身体に対して外側になる。右手刀ならば左外側、左手刀ならば右外側である。

自分と等身大の対手の「こめかみ」を通過するように、斜め前方に大きく振り下ろす。この場合手刀を返す（手を捻る）のは打ち始めながらである。振り下ろした手刀の位置は帯（腰骨）の横側、身体の側面である。右手刀であるならば右側面、左手刀ならば左側面となる。

＊以上の〈一の打〉〈二の打〉を合わせたものを二段打と呼ぶ。基本武技としての手刀打にはその他に五段打がある。これは右の〈一の打〉〈二の打〉に、肩の高さで横へ大きく伸ばした位置から真横へ薙ぐ左右の〈三の打〉〈四の打〉と、振りかぶって上段から打ち下ろす〈五の打〉を合わせて五段打である。

（3）チェックポイント

①打ち初めの正しい位置に手刀を構えているか。
②指先に意識を集中しているか。
③大きく構えているか。
④正しい軌跡を描いているか。
⑤終点を正しい位置で止めているか。

【基本打技修練　その一】その場打

その場打とは、前屈立をとり、土台を移動しないで〈一の打〉〈二の打〉の順に行う武技である。

【基本打技修練　その二】順打

順打とは前屈立をとり、前足に力を込め、同時に前足と同じ側の手刀を振り下ろす武技である。

【基本打技修練　その三】逆打

逆打とは前屈立をとり、前足に力を込め、同時に前足と反対側の手刀を振り下ろす武技である。

【基本打技修練　その四】追打（追順打・追逆打）

追打とは前屈立をとり、後足を一歩前に出して前屈立になると同時に手刀を振り下ろす武技である。この技には、追順打と追逆打がある。

三　前蹴

前蹴は対手に対して虎趾《コシ》がほぼ斜め上向き的に直線的な軌跡を描くもので、威力は攻撃武技の中で最も大きい。

（1）虎趾の姿形

足甲を張り、五指を上に曲げる。対手の急所に当てるのは、足裏の親指から中指までの付け根近くのふくらみの部分であり、虎趾と呼ぶ。

（2）前蹴

膝頭に全力を集中して深く曲げながら前方に突き出すようにして前方に引き上げようと努める。膝の位置は前方に帯の高さ以上に上げる。この膝上げは、足は虎趾を形成し踵を腿の近くに引く。膝頭を十分に引き上げた後に膝から先の部分を前方へ力強く豪快に出すが、この瞬間に膝頭の力を虎趾に移行する。蹴り終わった瞬間には、脚は十分に伸びきった状態でなければならない。基本武技としての前蹴の高さは中段であり、具体的には自分の水月より上、乳より下の高さである。大きく足を伸ばして蹴り終わった後に、蹴った時の逆の過程を取って元の位置に戻す。慣れてきたら、加えて前足でも蹴るように努める。

（3）チェックポイント

①膝は意識を込めて十分に上げていたか。
②蹴はしっかり伸びきっていたか。

③足甲は張っていたか。
④虎趾に意識が集中していたか。
⑤蹴った高さは正しい中段だったか。

【基本蹴技修練】その場蹴（前蹴）

その場前蹴とは前屈立をとり、前足を支えとし、後足で前方を蹴り、蹴り終わったらもう一度膝を曲げ（踵を腿に引き付け）てから前に足を下ろした後に、その足を後へ引いて元の前屈立に戻るものと、蹴り終わったらもう一度膝を曲げて、後ろへ足を引き元の位置に戻すものとの二種があり、当初は前者を行う。ここで、前蹴を二人組で練習する方法について説いておく。

二人組で行う目的は、蹴技そのものの鋭さを鍛えていくための、正しい軌跡の前蹴を修得することと、蹴り込む瞬間に虎趾への力の集中をより強固にするためである。具体的には以下の方法で行う。

①二人組で向き合って用意の姿勢をとる。
②蹴を行う側が双手下段受の姿形をとりながら左前屈立で構える。前蹴を支える側は、蹴を行う左足の前側面へ騎馬立で立つ。この時気合を出す。

③蹴側は支える側の肩に手を置く。支える側が号令をかけ、その号令に合わせて蹴を出す。その時に支える側は蹴っている者のふくらはぎを片手で支え、もう片手を用いながらチェックする。

④左右各十本単位で足を換えて前蹴を行い、然るべき回数をした後直る。

指導をする場合には、支える側は上級者が行うことになる。また、指導対象のレベルに応じて如何様にでもやり方は工夫し、支える側の動きは蹴側の実力に応じて変化させる必要がある。

白帯であれば、膝を上げるところも自分の力でできない可能性があるので、例えば蹴をする動作を四段階に分け、①膝上げをしながら、蹴側が自分で自分の膝を抱える、②蹴の姿形をとり、支える側が蹴を待つ、③引足をとり、ここでも自分の膝を自分で抱える、④前屈立になる、というような段階をとる必要がある。

それでも、膝上げの時点で膝を自分でも抱えられないという者がいるのであれば、この四動作のうちの①の段階で支えに行ってやり、蹴るところまで足を動かしてやることも必要になってくる。その場合二人組ではなく三人組になって行うことも考えられる。徐々に支えの度合を減らしていくことになるのはいうまでもなく、一動作で支える側になるべく寄りかかることなくできるようにしていくことになる。

四　横蹴

横蹴は行った際に、自らの上体を対手から遠ざけられるという点が特徴であるだけに、対手に先手をとられそうな場合や、対手の上段を狙ってくる武技に対して見事な反撃技となりうる。

（1）足刀の姿形

親指を上に向け、他の四指を下に向ける。これは対手の急所に当てる部位の筋を十分に張り、部位そのものを鋭くするためである。足と脛との角度は直角以内にする。対手の急所に当てるのは、足の小指側で踵を中核に含み小指までの約三分の二の部分であり、足刀と呼ぶ。

（2）横蹴

前屈立から後ろ足の膝を深く曲げ、膝頭を胸前方に高く引き上げる。この時足は足刀にして腿に引き付ける。膝を十分に引き上げた後に、膝から先の部分を前方或いは横方向に勢いを付けて力強く出す。特に足刀の部分に最も力を集中して蹴る。足刀の高さは中段、すなわち自らの水月より上、乳より下の高さとする。大きく足を伸ばして蹴り終わった後に、蹴った時の逆の過程を辿って元の位置に戻す。これに慣れてきたなら、まともに前方を蹴るようにする。また、前足でも蹴るようにする。

（3）チェックポイント

①膝は意識を込めて十分に上がっていたか。
②蹴はしっかり伸びていたか。

③足刀は意識を集中しながら正しくできていたか。
④足刀がしっかり出ていたか。
⑤自分の中段の高さを蹴っていたか。

【基本武技修練】その場横蹴（基本横蹴）
その場横蹴とは、前屈立を取り、前足を支えとし、後足で横方向へ蹴り、蹴り終わったらもう一度膝を曲げ（腿に引きつけ）てから足を元の位置に戻す基本武技である。膝の使い方、足の引き付け方に注意を必要とする。

五　廻蹴

廻蹴とは対手に対して足先の軌跡が斜め上に大きく四十五度くらいの弧を描くように前蹴を変化させて蹴ることである。前蹴が対手に対して正面に蹴るのに比べてやや側面から蹴るという点に特徴がある。また対手の上段をも攻撃し易く、いわゆる大技である。

（1）足甲・虎趾

廻蹴においては、対手の急所に直接当てる部位として、足甲を使う場合と虎趾を使う場合とがある。但し基本的には前蹴と同じく虎趾を使う。これは、この方が武技として鋭く、一撃で倒せるからである。

（2）廻蹴

前屈立から後ろ足の膝を深く曲げ、脛が外側を向くように横に引き上げる。この位置は身体の側面を廻り込むようにする。これは廻蹴の軌跡をより大きくし蹴技自体を豪快にするためである。足は虎趾を張る。この場合の膝と足は水平ではなく膝を足よりも高くする。以上が引足であり、この時点では膝に力が集中していなければならない。

次に膝を運びながら足を徐々に開き（引足の時には閉じている）対手に側面から攻めるように弧を描きながら伸ばしていく。虎趾の高さは自らの肩である。蹴り終えた足は再び踵を腿に引き、一歩前に出た形の前屈立となる。

（3）チェックポイント

①膝は意識を込めて十分に上がっていたか。
②引足は横方向にしっかり引き上がっていたか。
③足、特に膝を横から対手の方に大きく廻していたか。
④蹴り込む瞬間に虎趾に意識を集中できていたか。
⑤自分の中段の高さをきちんと蹴っていたか。

木刀同士の捌き特訓

第八章　武技の運足法（土台の移動）

1　武技の運足法とは土台の移動、すなわち武技としての足の運びである

武技としての運足とは何であろうか。一般的な形態で説くなら、人間が身体を移動するために自らの足を使って歩くこと、すなわち自らの人間的教育により自然成長的に身に付けた歩きと、どのように異なるのであろうか。武道空手における運足法とは、対手を倒すべく攻防を目的として武道空手的に歩を進めることである。具体的には、攻防の武技を対手に当てることが可能となる間合にまで身体をどのように運んでいったらよいのか、である。

以上、「何時においても攻防武技が駆使できる体勢で如何に移動を行うのか」が武道空手の運足法である。すなわち武道空手における武技の運足法は、土台の移動、変化、使い方である。

武道空手の武技は駆使すべく創出する以上、この武技を支える土台は静止の状態のままでは全く役に立たない。武技の駆使とは武技の変化過程であるから、武技を運ぶ土台それ自体も当然に変化する。武技の駆使に伴う土台の移動が静止の状態（これは武技を創出するための前屈立）で

動くことが可能であればそれが最も理想であるが、それは現実的には不可能である。

武技を創出する場合はその土台は強固である程に理想的であった。土台がぐらついては武技がまともに創れるわけはない。それだけに武技の使用が本質であっても、武技の創出に寄与するような土台でなければならなかった。だが、一旦その強固な土台の上に創出された武技は、本来の目的としては使用を果たすべきものである。ここで、今度はその強固な土台が弱点となって立ち現われる。理由は、武技の創出の場合と違って、武技の使用は土台が、単純にしかも軽やかに移動できなければ使えない。

だが、である。その土台は軽やかだけでなく、当然に重く強固でなければならない。そこで、この強固一点ばりの土台を軽やかに変化させるにあたって、原姿形に変更を加えずに目的を達成させるのが、運足用の土台、つまり武技の使い方としての土台である。

第四章 武道空手の土台（立ち方）の項で説いたが、武技創出のための前屈立は、横幅が自己の一肩幅弱、長さが肩幅の約一・八倍であった。これを武技の使用の土台となす場合は、横は足の横幅分縮め、縦に足の長さ分短くする。すなわち、後ろの膝を少し曲げ、かつ踵が少し浮くようにする。これがいわゆる「武技修練組手立」である。

これに関しては次のような疑問が出そうである。「先に土台は強固なことが要求されたのに、ここでその強固さを棄て去るような土台になるのか」と。

理由を述べよう。確かに武技を創出する場合は、強固な土台が要求される。しかし、武技は使うことが本分であるから、確かに、強固な土台では動きにくくなる。それで、強固さが武技の使用に耐えるレベルを落とさない範囲で縮めてもよいのである。すなわち少々変化させても強固さに不自由しないレベルで小さくすればよいのである。土台そのものが質的向上を成し遂げたが故に、十分に武技の土台として耐えられるレベルに向上しているということである。

すなわち、武技の使い方を主体として土台の姿形を変えることが可能となったのであり、その武技を駆使しうる立ち方主体に構成された移動法を、運足法と概念付けたのである。

2　武技運足法の修得過程

一　武技運足法を技化するとは

武道空手における運足法は、如何なる姿形・方法で使われるのか。

第一には、攻防武技を対手に用いるべく身体を移動し攻防武技が使用しうる間合に自らの身体を移動する。第二は、対手に隙を生じさせるために動くことであり、自らの身体の移動により対手に隙を生ぜしめる。いずれにしても武道空手における勝負に不可欠な・重要極まりない場面の全般にわたって運足法が行われている。これは運足法はそれに熟達しなければどうにもならないという意味で、一つの〈武技〉と呼ぶべき存在である。

従って他の武技と同様に技化の過程を経ることによって、見事なる武技として創出しなければならない。一般的に技化の過程は、第一にその武技の姿形を覚え、それを錬磨し、見事な武技として創り上げ、駆使するという過程を通る。この武技化の過程をここでは運足法で説いていく。

運足法の姿形を覚える段階に最初に現われる姿形は、攻防武技の姿形に付随して出現する。具体的には四方突における最後の追順突がそれである。これは、武技を創る場合の、かつ土台を武技化する場合の土台（立ち方）の姿形であり、決して武技を使う場合の土台としての立ち方ではない。この段階では、使い方主体の立ち方をとることは、土台とその上部構造の未完成の点から慎まねばならない。そればかりでなく、実際に運足法を武技化するための第一段階においては武技（突等）を伴って修練することは努めて避けるべきである。

というのは人間は、同時に二つの強烈な意識を均等に配分しつつ大事な行為を行うことは、はなはだ困難である。特に初心者は現実的に武技（突技・蹴技・受技）を創り、かつ運足法を創るという二つの行為を同時に、しかも同レベルで行うことは不可能である。この段階においても運足法を独立させて行わなければ当然のこととして歪みが生じる。

武技としての突技、蹴技の姿形がとれるようになったら（三ヵ月以後）、運足法の武技化への修練が始まる。この段階では一定距離の移動が主であるが、うっかりしないでも、攻防武技は倭小化されてしまうので注意を要する。また、初心者の傾向としては、追順突や武技修練組手において、突技をより速く出そうとする思いから突技を出した後に足を運び終えるといった類いが多い。これは足を運ぶ＝土台を運ぶということが無造作に行われたために生ずるものである。

次の段階として、武技の姿形が身に付いてくると武技の速さないし力強さを増して次第にレベルの高い武技にしていくことになるが、ここで動き易い人間的な運足法が、武道空手的な運足法の邪魔をする。これは武技を技化していく過程で、攻防武技の駆使のみに意識が集中して、個々の武技の駆使し易い非空手的運足法へと崩れていくからである。

この傾向は特に茶帯時代に起きるのであるが、それを黒帯になって訂正することは非常な苦痛を伴う。十分に留意すべきである。

次に、一定の距離が移動できるようになったら、この一定距離を四方八方に自由自在に力強く動けるような修練を行う。最後に行うべき運足法は、対手の動きに対してまともに付いていけるようにすることである。茶帯クラスの者は、運足法のみを取り出してより力強くかつスピードのある技になるよう修練をすることが、運足法をよりレベルの高い武技とするために大切である。

3　基本的な武技運足法の種類及び方法

一　**追い足運足法（前進・後退）**

この運足は一般に追い足順突に伴うもので、安定した状態で非常に大きな距離の移動が可能となり、また力強さも大きく、前進、後退後の体勢が前屈立となる最も基本的な運足法である。前屈立の状態から、後足を内側に若干の円弧を描くように前方へ幅一歩踏み出し、前屈立となる。

同じく後退は、前屈立の状態から前足を内側に若干の円弧を描きながら後方へ幅一歩下がり前屈立となる。

◎チェックポイント

①上体は地面に垂直に保つ。
②特に移動後の前屈立の後足は意識的に運ぶ。
③運足法は摺足であるから、従って足を地面からほとんど浮かせない（一ミリ～一センチ）ようにする。
④膝に力を入れ、膝を中心としての運足法を行う。
⑤攻防武技を伴う時は、特に上体の崩れに留意する。

二　**順り足運足法（前進・後退）**

この運足法は、特に技を運ぶための、或いは武技を当てるための移動に使われ、身体の状態がほとんど変化しなくても移動できる点で、これも基本的なものである。

前屈立の状態から前足を一足分強だけ、前足によって前進させる。この時後足は前足に同距離だけ引き付け、前屈立となる。移動距離は上達の度合に応じる。

後退は、前屈立より一足分後足で後退し、前足は後足と同距離だけ引き下げ前屈立となる。

◎チェックポイント

①特に前進時の前膝に力を入れて移動する。
②移動に際して動かされる足も意識的に運ぶ。
③前進時には後足、後退時には前足から行わない。
④上体を跳ね上げない。

最後に次の指摘をしておきたい。

武技運足法は身体としての武技を運ぶべき過程として、捉えるべきである。そうしないと、自己流に武技を素早く運んでしまうことになり、攻撃武技がまともに働かなくなり易い。

なお、付加すべきは、この運足法の武技化は、我々の世界に冠たる創意である。足を単に動かすことにしか使用していない剣道界・柔道界はいまだに気付いてはいない。それだけにこの運足法を正当に学べば抜群の武技の使い手となりうると述べておこう。

黒帯男性への体当たり組手

第九章　武技修練組手

1　武技修練組手一般を説く

武技修練組手とは武技の創出・使用の過渡期の修練技法であり、基本武技から自由に闘う組手にいたる過程の上達過程としての修練体系として知られている。一般的に自由組手とは、同格組手以上に併合し、総合した武技、すなわち錬磨した武技を併合的、総合的に競って自在に駆使しながら、闘いの機微を修得すべく修練する組手（闘い）である。

だが、である。ここで心しておくべきことがある。それは、以上の組手は入門してから一年間は実践すべきではない、ということである。理由は以下である。初心者として入門した後に、まず武技の姿形を覚え、その姿形を武技化する過程で、直ちに自由に闘える組手を行うということは、技術的ないし精神的に大なる困難をきたすからである。凡そ初心者とは、武技とその武技を駆使する心の両方が中途半端なレベルだから、である。

その初心者がいきなり自由に闘える組手を行うと、どのようなことになるであろうか。

簡単には初心者が入門したその日から、律義にかつ意識的に創り上げつつある武技が、無残に崩れてしまう。これは初心者は、武技とその武技を駆使する心とが両方ともどもにできあがってはいないだけに、意欲的に行えば行う程に、著しく明らかに現われることになる。

初心者にとっての修練とは、第一には、基本武技の姿形を覚えることであり、第二には、その姿形を崩さぬようにしながら徐々に速度・力強さを増し、武技を自らのものとして創出する過程に他ならない。要するにこの段階では、武技を創出するという目的が第一義であるから、初心者にとっての修練は武技をより見事に創り上げようとする意識が、何にもまして必要かつ重要である。

それ故初心者が自由に闘える組手を行うことは、武技を思いきり自在に駆使する結果、武技を創るという意識はないがしろにされ、武技を使うという意識（なんとしてでも勝ちたい、情けない負け方はしたくない）のみが先走ることになる。初心者が自由に闘える組手に彼の全意識を注ぎ込み意欲的に行う結果、武技が無惨にも崩れてしまうのである。

問題はそれだけではすまない。自由に闘える組手を行った結果崩れた武技がそのままのレベルで、つまり武技としてはレベルの低い、お粗末な武技が技化してしまうのである。

以上のことから、武技修練組手の体系とは基本武技の創出からその基本武技を自在に使う自由組手へいたるまでの過程を失敗しないように過渡的段階として位置付けた修練体系である、となろう。すなわち、①掛かり組手、②取り立て組手、③同格組手、④自由組手、⑤闘嵐組手の実践的な構造を考察すると、それは武技を創出することが第一義に置かれるものから、武技を駆使することに第一義が置かれるものまで、レベルに応じた段階を経ることになっている。

それだけに、武技修練組手の第一義は、武技と武技の使い方を事前に規定＝約束することにより、次の段階である自由に闘える組手につながるような姿形をとりながら、相互の上達を図るために設けられた体系である。

2　レベルに応じた武技修練組手の目的（理念）を説く

一　紺帯クラスの武技修練組手の目的（理念）

紺帯クラスは、白帯時代に修得した基本武技の姿形を一応覚えた段階である。このレベルにおける武技修練組手の目的とは、しっかりと対手を目前に置いて修得しつつある基本武技を正確に用いることであり、それ以外ではない。

対手が目の前にいても、突技は対手に当てることが目的ではなく、あくまでも基本武技を正確に厳しく用いること、すなわち武技を正確にかつ厳しく用い、武技の土台としての立ち方を力強くかつ正確に移動できることである。

それは対手側にとっても全く同様である。具体的には対手の攻撃武技をただ受けるのではなく、対手の攻撃武技をよく見ながら、あくまでも防禦武技の姿形を正確に用いることが目的であり、結果として受けた姿形、すなわち防禦武技姿形として現象しているのみ、となる。

二　緑帯の武技修練組手の目的（理念）

緑帯クラスは、緑帯取得までに学んだ基本武技の姿形を正確に用いることができているので、速さ・力強さともに、武技のより見事な創出を意図的に行う段階である。

五、六級の場合は、紺帯よりも武技を見事に仕上げることが目的となる。従って武技修練組手の修練目的は、紺帯レベルとほぼ同様のようでもある。だが紺帯と区別されるのは、紺帯に比べて緑帯の方が武技の技化した度合が大きく、崩れにくくなっている点である。

それ故攻撃側は、基本武技に忠実にしっかり攻撃し、防禦側も同様の意識を持った武技修練が必要となる。但し対手に、現実的に武技を当てようとするのではない。

四級の場合は、茶帯の前段階として、基本武技の姿形・速さ・力強さともに、五、六級より、立派なレベルである。このレベルの武技修練組手の目的は、基本武技を何よりも正確さを心しながら、力強く用いることとである。また四級とは茶帯の前段階として、武技の駆使への移行の過渡的な段階であり、徐々に武技を駆使する、すなわち対手に対して武技を当てることを修練する。従って対手に対して「当てよう」という意識も要求され、これは受け損じた場合には実際にダメージを受けることも想定している。

これは初心者の組手に対する恐怖心を少しでも除外していき、対手の武技の用い方を十分に見てとり、その上で受けたり、修練しつつある武技をまともに用いるようにすることを考慮している。やがて現実的に武技が眼前に来ても著しい恐怖感がなくなってくるようになれば、本物の武闘への入口たる自由組手に移行するのである。

三　茶帯の武技修練組手の目的（理念）

茶帯クラスとは、それまでに修得した基本武技が、少し気を緩めても一応崩れぬ程度になった人をいう。具体的には基本武技・武技型の上では初段と変わらぬ程度の〈武技の姿形〉となった人である。茶帯クラスの武技修練組手は、武技をより見事に創出しながら、その武技を崩さぬように留意しつつ武技を駆使することが大事である。茶帯から黒帯にいたるまでの武技修練組手の目的としては、まず武技の創出を主たる目的とする上に、修得しつつある武技を豪快に駆使する過程において、自分自身の闘いの間合を武技化することである。

一級レベルは、黒帯の前段階として、修得しつつある武技（基本単武技・基本複合武技）を、自在的に合わせられるべく駆使する同格組手をも、時々は行う。茶帯クラスの武技修練組手は、同格組手を自在に行えるよう意志を持って実践しなければならない。

3　武技修練組手の初級から上級（茶帯）への種類及び方法

【第一段階】基本的武技修練組手

（1）武技修練組手（上段・中段単武技）

①紺帯クラス

相互に前屈立をとり下段構で構える。相互の間隔は、攻撃側が上段突を行った場合に対手に当たる距離ではなく、若干の間隔（具体的には手の平の長さ程度）をとり、攻撃武技が対手に当たる少し手前で終わるようにする。攻撃側は上段突を追い足で行うが、土台を力強く・正確に、意識的に運び、上段突は自分の上段（鼻の高さ）を正確に突く。土台としての最初の立ち方・運足・運足後の土台と上段突を正確に行うこと。中段突は、自分の胸部（水月より上部）を正確に突く。

防禦側は、まず前屈立を力強く・正確にとり、対手の突技がどのような道筋を経てくるのかをしっかり見てとることである。次に対手の上段突が終わった時に、正確な上段受を行い、受技終了後に中段逆突（自分の乳の高さ）を行う。留意すべき点は、土台としての最初の立ち方・対手の勢いと突技をよく見てとることと、上段受＋中段逆突を正確に行うことである。

なお攻撃側は、防禦側が逆突を完全に行った後に力強く下がり、運足後の前屈立も正確にとる。

自らの攻撃後にしっかりと下がることも、武技修練の一形態である。

武技修練組手の形式的方法について我々と他流派との歴然とした区別を述べておきたい。すべての他流派では、武技修練組手は、防禦側は土台が八字立であり、その場で防禦するのではなく大きく一歩下がって受けるという姿形をとっている。このように防禦側が大きく下がって受けるのは上達論からは全く容認できない。要するにこの下がる防禦は初心から中級までは、修練としては、まずあってはならない形態なのだ、といってよい。その最大の理由は以下である。

一般的に初心者とは武技と武技を駆使する精神とがいまだ確立していないレベルを称する。それだけに武技修練組手を行う場合、対手の攻撃武技が（特に最初の段階では）仮に当たらないにしても、防禦側にとってその攻撃武技をそのまま直視することは通常恐怖感を伴うものである。だが、このような恐怖感はあくまでも防禦側がその場にそのままでいるという条件において生じる観念（恐怖）であり、下がってしまったのでは半減ないしゼロになってしまう。

この段階で、第一になすべきは、防禦側を中心として見た場合、対手の攻撃武技をその場で直視することによって、攻撃武技が実際に自らへ向かって突き進んでくる過程それ自体に慣れ、その荒々しい攻撃武技を見てとる精神力を養うということである。勿論それだけではなく、対手の攻撃武技を直視し、かつその場で受けるという行為は、防禦武技自体を鋭い武技として完成させるという目的をも持つ。

少し説くならば、追い足順突（いわゆる追突）を最初から初心者に行わせることの欠陥は、土台がしっかりしていなければ武技は見事に育たないという点にあるが、ここが分かれば、土台に意識を集めることは当然として、自らの防禦武技に加えるに対手の攻撃武技をも直視しなければならないという三重の意味の認識を要求されることになるこの武技修練組手の困難さは、余程の馬鹿でないかぎり理解できてよい。

他流派の武技修練組手の形式の欠陥はこれに止《トド》まるものではない。

現実の闘いを想起すれば納得がいくはずであるが、余程対手のレベルが低い場合ならいざ知らず、しっかりと構えて攻撃の意志表示をしている対手に、論理上防禦の困難な土台（八字立）で構えさせるというのは、これは何とも合点のいかぬことである。それればかりでなく、この八字立は、初歩の立ち方であり、これを武技修練組手で用いるという現実を、基本的修練の中でどう筋道を立てて関連付けるというのであろうか。

まだある。同格組手をやらせると、大抵の人は恐怖心が支配して、思わず逃げ腰になるものである。そこで逃げるなとか、しっかり受けろとか、もっと対手を見ろとかの叱声が飛ぶことになるのであるが、これとて、初心の頃よりきちんと教育しなければ、なかなか身に付くものではない。そこで武技修練体系の中に、逃げの心を学ばせるものはなるべく入れないようにしておくことが肝要なのである。この恐怖心の克服は初心のレベル程に大事であることを忘れてはならない。

それ故に、現実に対手を迎える最初の武技修練組手において、精神的にも実体的にも、対手をまともに迎え入れる闘う形式を学ばせることが大切である。

精神的・実体的に対手から逃げる姿勢・体勢しか創りえない初心者の八字立は、如何にマイナス面が大きいか分かるであろう。以上の論理を踏まえて他流派の武技修練組手を検討すると、彼等は二重・三重の意味において誤謬を犯しているといわなければならない。

初心者は、ともかくも対手に力強く攻撃しようと試みるのであるが、初心者は最も根本となる土台つまり足腰が柔弱であるから、上体の勢いに相応した土台の移動が困難となり、結果として突技だけが先走る。当然、土台はそれに付いていけず、なんとも滑稽極まりない、不安定な姿形となるのである。

このような傾向はしばしば見受けられるし、だからこそ注意を喚起する必要がある。武技修練組手の目的を正しく理解せずして行うならば、結果としてその初心者が今まで修練してきた武技の形が崩れ、その崩れたそのままの姿形が武技化してしまうからである。

初心者にとって最も留意すべき点は、対手に対して自分の攻撃武技を当てるのではなく、あくまでも対手を目前に置いて修練してきた攻撃武技を正確に運んでいくという一言に尽きる。

②緑帯クラス

このクラスも紺帯に述べた目的に沿った意識で行う。

なお四級以上は、相互の距離は攻撃側が武技を出した場合に防禦側が受け損じたら現実に対手に当たる距離とし、相互の身長が仮に著しく異なった場合には対手の上段を突く。

③茶帯クラス

具体的な形は②に準ずる。２-三で述べた目的に沿った意識で行う。

（２）武技修練組手（前蹴単武技、横蹴単武技、廻蹴単武技）

相互に前屈立で双手中段構をとる。相互の間隔は攻撃側が前蹴を伸ばした場合、防禦側の身体から若干の余裕（肩幅くらい）をとったものとする。

攻撃側は前蹴を正確に・力強く行い、蹴り終わった後に引足をして前屈立になる。この場合前蹴の高さは対手の帯より多少高めとする。留意すべき点は、第一に前蹴を対手に当てるつもりで力強く・豪快に出すことであり、それと同時に自分自身の前蹴の間合を覚えるべく努力し、その間合を武技化する。間合については第五章　間合に展開してある。

防禦側は対手の身体全体の勢いと前蹴をよく見て、対手の前蹴がどのような勢いで来るかを分かることである。

最初は対手が受けを行った時に仮に受け損じても対手に当たらない間隔をとる。具体的には肩幅くらいである。これはあくまでも最初の段階であって、この武技修練組手に慣れるに従って対手が受け損じたら実際に当たるくらいの前蹴を行えるようにしたい。

次に対手に対する前蹴の防禦武技は、本来的には下段受である。しかし下段受で対手の前蹴を力強く受けるならば、対手ないし自分自身への身体的精神的なダメージがあまりにも大きく、以後の上達の妨げとなる。よって通常は下段受の拳を開き、掌底ないし、手甲で対手の前蹴を流すように受ける方法が初心用である。

この場合はあくまでも、下段受で受けたのでは結果としてある一定期間、相互の上達が妨げられるため修得体系として掌底ないし手甲で受けるのである。というのは前蹴とは武道空手で、最も鋭く・力強い武技であるから、防禦武技もそれに相応したレベルが必要であり、それが本物の下段受なのである。鋭い前蹴は鋭い下段受であって初めて受けられるのであり、下段受であるからこそ対手の前蹴に対して強烈なるダメージを与えることが可能となる。

防禦側は対手の前蹴を受けた後に、対手の中段に逆突を行う。留意点は、まず対手の身体の勢いないし前蹴をよく見て受け流し、それと同時に自分自身の防禦武技の有効間合を知りそれを使えるようにすることがあげられる。

この形態のより高度なものとして、攻撃側は一歩踏み込んでから前蹴を力強く豪快に出し、防禦側は足一足分下がりながら受けるという「間合＋技」の武技修練組手がある。この場合に防禦側は、対手の前蹴をよく見ながら対手の前蹴を自分の側に限界まで引き付けてから下がる努力をしなければならない。下がる場合には、足一足分の距離を後方か、もしくは斜め四十五度（左右）の方向である。

実際の組手において斜めに下がるということは、対手の攻撃の威力を減じながら、かつ自己の攻撃体勢に入り易いという長所を持つ。

この形態は基本的な形態ができるようになったという過程の上で初めて効果がある。なお、立ち方は武技を創出するための前屈立である。以下、横蹴、廻蹴については前蹴と同様に行う。

【第二段階】実戦的武技修練組手

（1）補助具武技修練組手（中段・攻撃一本）

以下の四級レベルから、「掛かり組手」「取り立て組手」の武技修練組手を説明通りに行い始めるのが、理想的である。

①四級

四級レベルにおける武技修練組手とは、武技を実際に対手に当てること自体を覚える武技修練組手であり、自らの突技ないし防禦武技の間合を武技化する武技修練組手である。

まず相互に組手用前屈立を軽やかにとり、双手構等で構える。相互の間隔は攻撃側が武技を出して、防禦側が受け損じた場合には現実に当たる距離とする。これは補助具武技修練組手の目的が対手に実際に攻撃武技を軽く当てることにより、突技ないし防禦武技の有効間合を覚えることにある。

攻撃側は簡単な手袋をして対手の中段を攻撃する。これは強烈な突技ではなく、対手に打撲を与えない攻撃武技である。第一に土台としての立ち方は前屈立を少し軽く、だが意識的に運び攻撃する。攻撃部位は、対手の補助具の範囲である。

防御側は、前屈立を軽やかにとり、対手の身体全体の勢い及び攻撃武技たる突技がどんな姿形で来るかを見てとるようにしなければならない。これは対手の突技の軌跡を見ることによって自分の防御武技の間合と精神を整えること、すなわち対手の突技を受けるに必要とする距離と自分の精神の状態を具体的に覚えるという目的である。次に対手の攻撃武技に対してしっかりと中段受を行いながら、上段逆突を行えるようにする。

②茶帯クラス

茶帯の場合には最初の相互の間隔を基本的な間隔よりも大きくとり、攻撃側は一歩大きく踏み込んで攻撃し、防御側はそれをその場で受けるか、或いは一足分下がって受けるか、いずれにしても「間合＋武技」の形態を創出することが主となる。立ち方は当然に武技を駆使できる自らの前屈立である。

（2）補助具修練組手（中段・攻撃二本）

①四級

（1）の形態にさらにもう一本攻撃を加えた形態である。この場合の攻撃の方法は、あくまでも一本目をしっかりと完全に行った後に二本目を行う。二本目の攻撃については、一本目終了後その場で行うか、一歩前進して行うかの方法がある。

②茶帯クラス

具体的には（1）に準ずる。すなわち「間合＋武技」の形態であり、攻撃本数は二本とする。

（3）補助具武技修練組手（上・中段攻撃三本）

具体的には（1）に準ずる。この形態は補助具武技修練組手における高度形態である。顔面に、軽い補助具を付けて行うだけに、攻撃部位も上段・中段と広範囲になっている。防禦側は対手の攻撃武技をよく見るようにしなければならない。

但し攻撃本数は三本以内であり、それ以上は許すべきではない。一本目ないし二本目の攻撃は疎かにしておいて最後の攻撃のみを全力で行うというケースがしばしばある。これは良くないことである。実際の自由組手では対手との絡み合いによって攻撃武技が規定されるが、武技修練組手の場合はその根本的な目的は攻撃武技の見事な出し方であるから、対手側は一応逃げない存在である。

この段階では、その逃げない対手に対する絶好の攻撃の機会であることを設定し、一本目を豪快に行い、そしてその攻撃が不本意だったと仮定して二本目、三本目を行う。

（4）補助具同格一本組手（上・中段突技）

（5）同格一本組手（蹴技）

（6）同格一本組手（武技自由）

同格一本組手とは、現象的には同格組手を構成する武技のワンカット化であり、論理的には同格組手を縮図化した武技修練組手である。

攻撃側は自らの攻撃武技の間合をとりながら、対手に対して豪快に攻撃する。この場合には土台を力強く・意識的に運ぶようにし、また攻撃終了後の土台を崩すことなく、あくまでも正確に力強く移動しなければならない。

防禦側は、対手の攻撃武技・身体全体の勢いをよく見ながら、対手の攻撃を自在の姿形で受ける。〈構〉についても拳を力強く双手構をし、あるいは手刀での双手構で自分の姿形で意図的に武技化する。

（7）同格三本組手（武技自由・攻撃武技事前規定・持ち本数三本）

（8）同格組手（武技自由・持ち数なし・勝負あり）

この同格三本組手は、攻撃側ないし防禦側は事前に規定される同格一本組手と同様である。ただし、攻撃武技については自由。

攻撃側が自らの攻撃武技を防禦側に表示することをしない。従って防禦側は対手の攻撃技をよく見極めて受けなければならない。

（9）同格五本組手（武技自由）

＊攻撃側ないし防禦側の事前規定はない。

この同格五本組手は攻撃側ないし防禦側は規定されていない。要するに通常の同格組手の形態をとる。互いの攻撃本数は五本以内に限られている。

双方ともに対手の動きをよく見て、究極レベルとしては対手の動作に隙を見出した場合に、積極的に攻撃できるレベルに到達すべく修練をする。但しこのレベルを要求するのは困難極まりないだけに、最初の段階では、自ら観念的に隙を設定し積極果敢に攻撃ないし防禦できるようにすることが大切である。

すなわち、自らここに隙があるのだ、ここはこう防禦するのだと観念して、その機会に攻撃、防禦を行うのである。結果として防禦側になった場合には、対手の攻撃武技をよくよく見切ることが大切である。

（10）「掛かり組手」と「取り立て組手」

掛かり組手・取り立て組手とは通常、下級者が上級者に稽古を付けてもらうことになるし、また上級者からすれば相手を上達させるべく行う組手である。それ故、両者のどちらに力点を置くのか、によって呼び方が異なるだけである。ここでの立ち方は「組手立」そのもので行う。

この場合、上級者は通常積極的には攻撃せず、特に最初の攻撃権はないもの、となすべきである。また下級者のレベル如何により、上級者は全く攻撃権なしで防禦のみと規定する場合もあってよい。

茶帯クラスにとっての掛かり組手とは、今までに修得した、或いは修得しつつある武技を崩さぬように留意しながら、豪快に力強く駆使することにより自らの間合をとりながら、同格組手的な動き方を身に付ける修練である。留意すべき点としては土台・運足を正確にかつ力強く行い、対手の動きをよく見て、間合を考えながら豪快に攻撃することが挙げられる。

一般的にはこの場合の上級者とは黒帯を指す。具体的には、三級レベルに掛かり組手を付けられる、つまり、取り立て組手が可能なようになれば初段であり、初段レベルにこのような稽古を付けられれば武技の使い方からいえば参段である。これが可能ならばそのレベルの攻撃武技に対する防禦武技が仕上がっている。それ故、黒帯の者は積極的に「掛かり組手」・「取り立て組手」を行うと上達が早くなろう。但し、いずれの場合でも、互いの武技の崩れが起きてこないよう用心する必要がある。

（11）自由組手

自由組手とは、武道空手における身体を武技として用いた闘いである。自由とあるように、当てて倒すもよし、寸止め（尺止め）で勝ちを宣言するもよし、である。

（12）闘嵐組手

最後の闘嵐組手とは、端的には、他流派・他武道試合を想定した闘いの組手である。嵐とあるように、他流派のみならず、剣道、柔道、合気、中国拳法との闘いを見事になしうるための模擬的試合となれるようにと、猛る嵐の如く試みるものである。

以上を簡単な図で示す。

- ①掛かり組手
  - 基本単武技
  - 基本複合武技
- ②取り立て組手
  - 基本単武技
  - 基本複合武技
- ③同格組手
  - 基本単武技
  - 基本複合武技
  - 応用武技
- ④自由組手——応用武技
- ⑤闘嵐組手——闘嵐武技
- ⑥①、②、③、④、⑤の武技修練組手の中で補助具による武技修練組手も折に触れて行う

著者

南《なん》郷《ごう》 継《つぐ》正《まさ》

武道哲学・武道科学 創始者。日本弁証法論理学研究会 主宰
半世紀にわたって武道・武術を指導し、個人がより歴史性ある人間になれるように、弁証法・技術論・認識論を媒介にして、世界観を土台にした人間論をふまえて武道哲学ならびに武道科学を確立する。
空手道を主軸に合気道・杖道・剣道・居合道・中国拳法・少林寺拳法を究明し、併せて認識および技術の発展形態の論理、すなわち上達の構造・教育の構造ならびに禅の論理、および修業と修行の構造を解明する。

朝《あさ》霧《ぎり》 華《か》刃《じん》

もののふの道（日本武道）を辿るべく、師 南郷継正の武門に入る。以来十数年の幾山河を超え来る現在である。
武道空手、武道合技、武道短槍を修める。

神《こう》橘《だち》 美《み》伽《か》

朝霧華刃の後を追って、師 南郷継正の武門に入る。
十年もの月日を経た現在、武道空手、武道居合、武道合技を修める。

著書『護身武道空手概論』朝霧華刃、神橘美伽共著（現代社）

現代社白鳳選書 109
武道空手學 概論〔新世紀編〕
——新世紀 武道空手學講義——

2016年 9 月28日 第1版第1刷発行

著 者 南 郷 継 正
朝 霧 華 刃
神 橘 美 伽
発行者 小 南 吉 彦
印 刷 壮光舎印刷株式会社
製 本 誠 製 本 株 式 会 社

発行所 東京都新宿区早稲田鶴巻町514番地（〒162-0041） 株式会社 現 代 社

電話：03-3203-5061 振替：00150-3-68248

*落丁本・乱丁本はお取り替えいたします

ISBN 978-4-87474-176-4 C 3275

◇現代社の認識論・弁証法関連図書◇

改訂版・育児の生理学　瀬江千史
医学の復権　瀬江千史
看護学と医学(上)(下)　瀬江千史
統計学という名の魔法の杖　本田克也・浅野昌充・神庭純子
看護のための「いのちの歴史」の物語　本田克也・加藤幸信・浅野昌充・神庭純子
「生命の歴史」誕生の論理学(1)　浅野昌充・悠季真理
医学教育概論(1)〜(6)　瀬江千史・本田克也・小田康友・菅野幸子
医学教育概論の実践　北條　亮
医療実践方法を論理の学に(1)　聖瞳子・高遠雅志・九條静・北條亮
看護の生理学(1)〜(3)　薄井坦子・瀬江千史
初学者のための『看護覚え書』(1)〜(4)　神庭純子
なんごうつぐまさが説く　看護学科・心理学科学生への〝夢〟講義(1)〜(6)　南鄕継正
武道哲学講義(1)〜(3)　南鄕継正
増補版　武道居合學〔綱要〕　飛龍　田熊叢雪
護身武道空手概論　朝霧華刃・神橘美伽
武道空手學概論〔新世紀編〕　南鄕継正・朝霧華刃・神橘美伽
新・頭脳の科学(上)(下)　瀬江千史・菅野幸子
障害児教育の方法論を問う(1)　志垣司・北嶋淳
哲学・論理学研究(1)　悠季真理
育児の認識学　海保静子
南鄕継正　武道哲学　著作・講義全集(1)(2)(4)〜(12)　南鄕継正
学城(1)〜(13)　日本弁証法論理学研究会編集